大展好書　好書大展
品嘗好書　冠群可期

大展好書　好書大展
品嘗好書　冠群可期

武術特輯
100

陳式太極拳勁道釋秘

——拆拳講勁

陳照奎　秘傳

馬　虹　整理

大展出版社有限公司

由招熟而漸悟懂勁，由懂勁而階及神明。

——王宗岳

學太極拳，著著（招招）當細心揣摩。一著（招）不揣摩，則此勢機制、情理終於茫昧。

——陳　鑫

太極拳的本質是武術，武術的上層功夫在於剖析招法，體悟勁道。

——陳照奎

要學好這套拳，就必須從難、從嚴、過細地下功夫。

——陳照奎

馬虹簡介

　　馬虹（1927-），原名郭毓堃，河北深州市前磨頭鎮人。陳式太極拳第十一代傳人。大學畢業後，長期從事教育、寫作和編輯工作，積勞成疾，遂拜陳氏第十八世、太極拳第十代宗師陳照奎爲師學習陳式太極拳。幾年後身體健康，拳技大進，從而認識到太極拳的健身、防身作用和時代價值，於是傾注全部心血刻苦實踐、潛心鑽研。先後三赴北京、兩下河南隨師習拳，並3次請師到石家莊家中居住授藝，由於他尊師敬業，取得恩師的信任和厚愛，從而盡得陳氏家傳太極拳拳理、拳法之奧秘。

　　馬虹多次參加河北省和全國太極拳比賽、邀請賽，均取得優異成績。同時，長期從事太極拳的學術研究和傳播工作。

　　在全國性武術學術會議和海內外武術刊物上，曾先後發表了《陳氏太極拳的健身性、技擊性和藝術性》、《陳氏秘傳太極拳內功》、《周天開合論》、《陰陽相濟論》、《鬆活彈抖論》、《推手技巧及功力訓練》、《中國傳統文化與太極拳》、《太極拳的文化內涵和時代價值》等50多篇論文。

　　曾多次在河北、江西、天津、廣東、廣西、山東、湖南、江蘇、浙江、雲南、吉林、四川、北京、

陝西及香港等地傳授陳式太極拳，並應邀先後赴美國、馬來西亞、義大利、加拿大、紐西蘭、韓國等國家講學、傳拳。並先後接待 22 個國家來華學拳的學員。直接傳授學員萬餘人。並應邀先後在北京大學、南開大學、西北工大等高等學府作了多次有關太極拳的學術報告。並被北京大學聘爲高級講席。

　　1982 年他宣導成立了「陳氏太極拳研究會」，還創辦了《陳氏太極拳研究》刊物。根據其師陳照奎授拳時的記錄整理出版了《陳式太極拳體用全書》、《陳式太極拳技擊法》、《陳式太極拳拳理闡微》、《陳式太極拳勁道釋秘》、《陳式太極拳拳照圖譜》、《函授通訊》等系列著作，錄製了 5 部《陳式太極拳及其技擊法系列教學片》及 22 集 VCD 光碟。爲普及和發展陳式太極拳，做出了重大貢獻。

　　馬虹曾任河北省石家莊市武術協會副主席、石家莊陳式太極拳研究會理事長、河南溫縣國際太極拳年會組委會副秘書長、中國民間武術家聯誼會副會長。1994 年被國際太極拳年會評審委員會評爲中國當代 13 名太極拳太師之一。1988 年，從石家莊市政協離休後，即專心致力於太極拳的繼承、整理、研究和推廣工作。

──引自《中國百科專家人物傳》（中國人事出版社）

目　錄

君 子 謀 道

——代《拆拳講勁》序

朝　陽

近日，偶接馬虹先生千里之外傳鴻，邀我爲他出版的《拆拳講勁》一書作序，這讓我既惶恐又躊躇。

惶恐的是，馬虹先生乃是一代拳學大家，在太極拳造詣上鮮有其匹，又是武術界德高望重，有長者之風的前輩，承蒙相邀，使我這無名無份的晚學，實所難當；而令我躊躇的，則是本人對於太極拳僅僅是從皮毛上的瞭解，而缺乏深入的研究，即使「紙上談兵」，都深感力有不逮，況且面對的是馬虹先生這麼一篇太極拳大題目——《拆拳講勁》，可眞是「趕鴨子上架」了。

馬虹先生撰寫的《拆拳講勁》，是陳氏太極拳學中的神髓。過去，乃是不傳之謎，即或今天，也不見得有幾個練家獲此眞傳，並能將這不二法門公諸於世，或是廣傳門人弟子的。此番話，我在《精武》上編發馬虹先生《拆拳講勁·金剛搗碓》一文編者按中，也屢有訴及。

今天，馬虹先生將這一高深功夫撰寫成書，當是大不易。不僅打破了武術界保守的陋習，同時也展現了老人的博大胸懷。更爲讀者諸君帶來了福音，能夠

一睹太極拳的妙諦。

在太極拳中，如果把一些簡化套路比作小學、中學水準，八十三式傳統拳是高中水準的話；那麼，明理知法當是大學水準，而「拆拳講勁」就是研究生水準了。

筆凝於此，我忽然想起一件有關「悟性」的事：有一個自命行家的人，居然指責《精武》2003年第10期編發的《拆拳講勁·懶紮衣》一文少了3幅圖（因爲文中懶紮衣是6個動作，而馬虹先生只給我寄來3幅拳照）。實質上，正像本文前面指出的，「拆拳講勁」是「研究生」水準，在我的編輯思路中，一二幅拳照足矣，因爲具備了研究生水準，完全可以舉一反三。即或小學老師授課，也不會全盤托出，面面俱到，都是講解能夠代表幾個方面的例題，以點帶面。何況像「拆拳講勁」這種高層次的功夫，沒有舉一反三的理解能力和悟性，拳照再多，恐怕也是「爛泥巴糊不上牆」。

我之所以不憚其煩的講述「悟性」，意在使讀者諸君明白，「拆拳講勁」不是泛泛之作，而是太極拳高深的實用技擊之術。既要有穎悟的理解能力，還要具備「研究生」的水準，才能悟透其中關竅，不蹈那位自命行家的誤導。這無疑說明，修練太極拳上乘功夫（其他拳法亦如此），沒有一定的悟性，不僅難以登堂入室，也修不成大道。

馬虹先生素以春蠶自喻，我深深理解老人的苦心孤詣。他早年得陳氏太極拳嫡傳人陳照奎宗師之親授

眞傳，師恩難忘，時時欲把拳藝傳於後人，這也是老先生厚道之處。其實，他自喻春蠶，尚另有深意，即太極拳的特點之一是道不盡周身立體螺旋的纏絲勁，陳氏拳尤其講究這種勁道，而春蠶所吐之絲，不正是纏綿不盡嗎?!

「老驥伏櫪，志在千里。」願馬虹先生的春蠶精神永在，爲廣大太極拳的愛好者寫出更多的拳學之作。

武術有著幾千年悠久的歷史，是中華民族的古老國粹。武術是大道，太極拳也是大道。

因此，君子謀道。

寫於精武廬
（作者係《精武》雜誌主編）

爲 勞 者 歌

——代《拆拳講勁》序

原福全

　　馬虹先生的《拆拳講勁》一書就要出版了，我認爲這是太極拳界的一件大好事，它的意義不僅在太極拳界，而且對中華武術技法的研究和發展也是一個貢獻。

　　這些年來，由於工作的原因，我接觸過國內外許多太極拳界的知名人士，他們堪稱中國當代太極拳的脊樑，是他們的奔走呼號、耕耘播雨、著書立說、辛勞傳承，使中國的太極拳被世界上越來越多的人所認識、所喜愛，大家不分民族、不分信仰、不分地域，攜手圍繞在中國太極圓的周圍，盡情地享受著太極拳給人們帶來的健康、幸福與和諧。由於他們的努力，承載著中國厚重文化和文明的太極拳，成了連通世界友誼的橋樑。

　　在這些人中，馬虹先生給我的印象是比較深的，坎坷的一生，磨鍊出了他勤於思考、堅韌不拔的性格和對事業的執著追求與獻身的精神。他多次講過：太極拳救了他的3次命：

　　一是青年時代，由於長期從事文字工作，積勞成疾，是太極拳使他離棄病魔，走上了健康的人生之

路，使他與太極拳結下了不解之緣；

　　二是在「文革」十年動亂期間，當年許多老同志在「挨批鬥、住牛棚、靠邊站、掛起來」等等苦難之中，情緒悲切切，精神鬱憂憂，有的甚至在悲憤之中過早地離開了人間。而馬虹先生卻利用這飽受磨難的10年，抓住一個特殊的機緣，投拜在一代宗師陳照奎先生的門下，把全部精力投入苦鑽太極拳的事業之中，而且超凡式地在太極拳上喜摘碩果；

　　第三次是2000年那場有驚無險的車禍，多虧了他練就的一身太極拳功夫，使當年這位74歲的老人騎著自行車，能在夏利轎車迎頭撞來的一剎那間飛身脫險。

　　他愛陳式太極拳，感到它的博大精深、奧妙無窮，同時也深歎作為所有太極拳的母拳──陳式太極拳的許多原生態的精髓在傳承中面臨的問題。他在傳拳授藝的間隙，在出版大量的太極拳技擊理論和技法書籍的基礎上，最近又花很大心血出版《拆拳講勁》這部書，詳細闡述先師親傳給他的太極拳精髓──傳統太極拳的勁道，也許是基於以上兩種心情。

　　我欽佩先生幾十年來對陳式太極拳殫精竭慮的傳承精神，他80歲生日時，我給他寫了兩句話：「彩虹扮靚太極天，駿馬馳騁陳拳地。」也算是對先生應有的贊許。

　　太極拳是我國古代黃河流域多元文化的融匯和聚合，它原生態的面目，體現的是時代的特徵。由於它應運而生於冷兵器時代，原本凸現的是它的技擊功

能——那是時代的需要。這就是「拳」與「功」性質上的區別。

有人講，太極拳養生功能第一，技擊功能為末，這是對太極拳的片面認識，起碼對它在冷兵器時代作用的表述上，存在著性質上的錯誤。即使現在，大家注重健身，追求太極拳演練時藝術的美，但也不能忽視對太極拳武術招式及勁道的繼承和研究，因為太極拳的本質是武術，時至今日它仍有寶貴的防身應變的價值。可惜，現在在這方面下功夫的人相對不多，深諳其理的人更是可以稱貴。

國家有關部門將陳式太極拳列為國家非物質文化遺產加以保護，其中就是為了防止它傳統的、原生態的內容在流傳中丟失。我們呼喚更多的人來當其重任，我們應為勞者歌。

感謝馬虹先生所作的工作！祝賀《拆拳講勁》一書能在這方面發揮作用！

拙筆以上，代為序。

（作者係河南省溫縣體育局原局長，現任中國陳家溝太極拳推廣中心秘書長）

爲而不爭

——代前言

　　當今，中國古老的太極拳術在世界上傳播越來越廣，喜歡它的人越來越多。人們逐漸認識到它是一種功效顯著的有氧代謝運動和身心和諧的整體健康術。特別是傳統陳氏太極拳，它不僅是一種文化內涵極其豐富的珍貴的健康術，它的本質、它的本來面目，還是一種具有獨特風格和防身護身價值的武術。

　　武術的精髓在於懂勁。王宗岳的《太極拳論》說得好：「由招熟而漸悟懂勁，由懂勁而階及神明。」陳鑫公也講過：「學太極拳著著（招）當細細揣摩，一著不揣摩，則此式機致、情理終於茫昧。」先師陳照奎也說過：「不講招法，不懂勁道，總是空架子。」由此可見，太極拳惟有在招熟、懂勁之後，才可以把握其本質、掌握其精髓，達到神明的高層境界。實踐證明，即使你練拳只是爲了健身，也只有先懂勁而後健身效果和應變功能才會更顯著。

　　所謂懂勁，就是明白每個拳式招式乃至每個動作含有幾個具體而鮮明的勁點，以及其勁力之源、勁路變化、勁力結構，乃至敵我所處的方位、角度、彼此應對的不同手法、步法、身法、眼法，等等諸多內涵。這正如陳鑫公所云：「招招山明水秀。」認眞修

練此拳的人，也只有招熟懂勁之後，才能使拳架和手眼身法步更規矩。

拳架中的諸多規矩都是幾百年來前輩們從武術實踐中總結而規範的招法和勁道，只有把握了拳架中的種種招法勁道之後，才能達到不僅知其然，而且知其所以然。招熟勁明之後，再刻苦練習，才能功夫上身，並且感到此拳越練越有味道。

但是，目前社會上流行的多種太極拳，特別是現代一些人改編的種類繁多的簡化套路、競賽套路，大都不講勁道，不講技擊內涵，因而逐步喪失了此拳固有的武術本色。

就是一些著名的太極拳傳人，觀看其拳架表演，從其手形、手法、步形、步法、身法、眼法等方面，往往可以看得出其師沒有給他拆過拳、講過勁。令人遺憾的是，有的傳人還不許自己的學生練招法。如此發展下去，中國的太極拳難免流於太極操、太極舞，而喪失其防身護身的武術本質，丟其本真，丟掉其原有的武術風格。

正如有人感歎的那樣：「百年古木，枝盛幹空。」同時，還讓我們聯想到：為什麼往往是由一位傳人所教的學生，其拳式、動作變化甚大，往往是一個人一個樣。什麼原因？我想除了學員本身的基礎差距、認真程度、悟性如何等原因之外，恐怕與傳人是否傳授過招法和勁道，大有關係。故有云：「勁丟則動作變，勁錯則動作亂。」正如先師所說：「只有內勁與外形做到完美的統一，此拳才不失其規矩。」

　　拆拳講勁本是歷來一般武術家不肯輕易外傳的所謂「看家秘笈」。先輩教導我們：「尊師爲問學之本。」基於筆者同恩師陳照奎先生（陳氏太極拳當今一代宗師）在「文革」十年動亂期間患難與共的特殊機緣，以及師徒之間相處9年之久的深厚情誼，有幸贏得先師的信任和厚愛，向我個別秘授了傳統陳氏太極拳的詳細招法和勁道內涵，即所謂「拆拳講勁」。

　　1972、1973、1974年的3個夏天，在北京老師家中學習一、二路拳；1974、1975年的兩個冬天（每期兩個月），在鄭州第二次跟老師學拳，當時因爲鄭州的師兄弟白天上班，只能晚上7~10點學拳。白天我和老師都有空閒時間，當時老師答應我的請求，每天上午9~11點給我一個人秘授「拆拳講勁」這門重要課程。每天拆一個式子。其間，老師閉門謝客，爲我一個人口傳身授。當時，老師以我做靶子，傳授一些實戰招法和勁道時，讓我吃盡了苦頭，同時也讓我嘗到了甜頭：肌體疼痛，心中竊喜，原來此拳竟有如此奧妙的內涵！心中充滿了對恩師的感激之情。

　　1977、1979、1980年的3個春天，恩師3次來石家莊在我家中居住，期間結合改拳，進一步給我一個人講解每個拳式、每個動作的勁道變化和勁力結構。特別是1979年恩師在我家居住期間，身體不適，我日夜精心照料老師，端屎端尿，老師有所感動，因而老師對我要求更嚴格，他常常是夜深人靜時給我傳授此拳勁道之奧秘。同時，結合教我推手、功力訓練、單式訓練，進一步講解太極拳化打結合的種種獨特招法

勁道。

　　1980 年，先師在石家莊我家給我傳拳時，曾經說過：「像這樣系統地給你拆拳講勁，還是第一次，這是這套拳的精髓，你一定要珍惜。」另外，9 年之中老師先後還給我郵寄了大量的他撰寫的包括技擊含義的內部函授資料和解答問題的信函。至此，對這套寶貴的傳統太極拳我才有了大悟、徹悟之感。

　　1997 年我整理出版的《陳式太極拳技擊法》一書，主要概述了此拳各勢的基本技擊用法，著重講述的是此拳的種種招法。此次整理出版的這部《拆拳講勁》，則係陳氏太極拳一、二路拳每個拳式中每個具體招式的詳細勁點剖析和勁道注疏，係根據當年恩師秘授此技時本人詳細的原始記錄整理而成。此書可謂《陳式太極拳體用全書》和《陳式太極拳技擊法》兩書的重要深層補充。

　　在此書整理出版過程中，本人頭腦中曾存在一個自己難以解脫的思想矛盾：即是不是要把恩師秘傳的東西合盤托出？這可是歷代宗師擇人而傳的秘笈，公開出版是不是違背先師遺訓的一種罪過？後來，我閱讀《伍柳仙宗》一書時，看到明代伍沖虛先生在《天仙正理·後跋》一文中所云：「洩萬古聖真密旨天機，書之遍與凡夫，固有罪矣。但後來聖真得明道於論說之所洩，豈不是此莫大之功乎！」即讓眾多的正人君子靠此所謂「洩密」而傳承此技，多行仁義之舉，不正是一件大好事嗎！

　　又讀陳鑫公之《陳氏太極拳圖說》一書所云：

「今愚者，年逾七旬，衰憊日甚，既恐時序遷流，又迫不及待，又恐分門別戶，失茲眞傳。不得已，於課讀餘暇，急力顯微闡幽，以明先人教授，粗精悉陳，不敢自秘。……」由此可見，境界高尚而明智的先輩傳人，也是考慮到保護傳統拳眞傳的本來面目，防止走樣失傳而「不敢自秘」。

　　特別是在資訊時代的今天，保守或保密也不太現實。而且，愚以爲像「拆拳講勁」這一太極拳的精髓，失傳或「走樣」，都是一種損失，說大一點兒，也是中華民族傳統文化的損失，更是愧對先師的一種罪過。想到此處，還是原原本本、完完整整地把先師的遺教整理出版，才有利於這一正宗、規範拳架及其內涵的傳承，有利於千秋萬代人類的健身、護身、養性、修德的光輝事業。

　　至於舊社會所流傳的什麼「教會徒弟餓死師父」，什麼「教會徒弟打死師父」……等等陳舊保守的說法，對我來說今天更不復存在。如今國家給我的優厚的離休金餓不著我；另外，不用他人打我，我年逾八旬，不會太久即將走向火葬場了。其實，我擔心的倒是一旦走進火葬場，一股白煙升空，把先師遺留給我的這部珍貴的《拆拳講勁》也隨之化爲灰燼，豈不太可惜了。

　　爲此，我決定在離開這個社會之前，日夜兼程，奮筆疾書，精心整理，反覆修訂，將先師傳給我的這部《拆拳講勁》秘笈原原本本、原汁原味地傾囊奉還給生我養我的這個社會。至此，我總算把先師在9年

中辛辛苦苦所傳授給我的陳氏家傳的拳譜（《陳式太極拳體用全書》）、拳法（《陳式太極拳技擊法》）、拳理（《陳式太極拳拳理闡微》）和這部太極拳之精髓《拆拳講勁──陳式太極拳勁道釋秘》4部拙著合盤托出，獻給世間愛好此拳的同道們。從而盡到了做為一個傳人應盡的責任。

「名利淡如清水，責任重於泰山。」此時，我才感到如釋重負，一生心無愧怍，坦坦蕩蕩，我盡心盡力做了我應該做的一點兒奉獻。正如先哲老子講的「聖人之道，爲而不爭」（《道德經》）。同時我又聯想到電視劇《三國演義》中的一段歌詞：

「聚散皆是緣，離合總關情；擔當了生前事，何懼身後評！」

最後，希望喜歡這部拙著的同道們對此書疏漏、錯誤之處不吝賜教。同時，向在百忙中爲此書撰寫序言的知心好友張朝陽同志、原福全同志、鼓勵我公開出版此書的佟暉同志，以及幫助我整理書稿、攝影、陪練的李昌、周戊丁、焦黎明、鄭濱、呂復興等諸同志致以謝意。並借此機會向多年來信任、支持、關愛、鼓勵和幫助我的同道好友、諸位愛徒和廣大的讀者朋友們，一併致以衷心的感謝！

馬　虹

關於插圖的幾點說明

一、此書插圖（照片），均係拳式中主要勁點的展示。所有勁點、勁路的變化，不可能一一均以照片展示出來。因此，讀者還是要以書中文字說明爲依據，從中細心體悟。

二、爲了讓勁點面向讀者展示，所以有些插圖（照片）所展示的方位、角度，與拳譜（套路）不完全一致。讀者練拳時的方位、角度，仍應以《陳氏太極拳體用全書》一書及教學光碟爲準。

三、此書與《陳式太極拳技擊法》一書的區別，在於《技擊法》主要是介紹一、二路拳各個拳式的招法（基本用法）；此書，則著重介紹各個招術之中的勁點、勁路變化，以及勁力結構等各種勁道。

四、《前言》中已說明：此書乃《陳式太極拳體用全書》與《陳式太極拳技擊法》兩書的重要補充。所以，讀者一定要在一、二路拳拳架及其基本招法練習熟練之後，再研讀此書爲宜。

五、插圖中著深色服裝者爲我方，著白色服裝者爲對方。

特此說明。

上編　一路・八十三式

一路拳勢順序

第一路（八十三式）

第一式　預備勢

立身中正，心靜體鬆，神態從容，以靜待動。兩腳平行開立，與肩同寬。兩手虎口要圓，五指合攏貼在大腿兩側。全身放鬆，頂勁上領，內氣下沉，兩眼平視，兩肩微向前捲，含胸，兩肘微向前掤，肘與肋部有一拳之隔。肘要鬆沉，又要加大掤勁，全身有往外膨脹、往外撐的感覺，襠部要圓，有撐圓的感覺，大腿裏側往後外翻，膝蓋微裏合，命門後撐，腳五趾抓地，上下對拉拔長，左右、前後都有鬆柔而膨脹的感覺，即所謂「八面支撐」。自我暗示，用意，自我檢查周身規矩，然後以臨危不懼的大將風度準備起動。正是：神清形正氣浩然，從容不迫以應變。

第二式　金剛搗碓

一、勁點剖析

6 個分解動作，至少含 25 個勁。

動作一：

1.接應左前方來敵之右臂，雙腕自左而右掤化來力。
（圖1）

2.打前防後，抖腰掤肘。

3.雙肘裏合下沉，含肘拿之勁。

4.左逆、右順合勁（拿其右臂反關節）。（圖2）

5.合住對方手肘，向左前掤出。

圖1

圖2

動作二：

順應來力，左手裏合管其肘，右手握其腕，走右攦（接動作一，掤不住對方時，走下塌外碾的攦勁）。（圖3）

圖3

動作三：

1. 上引下進走大攦。

2. 上攦下提膝。（圖4）

3. 上攦下蹬。

4. 或上攦下插。（圖5）

5. 或上攦下套。

6. 右攦左肩靠。（圖6）

動作四：

1. 趁敵欲撤，我右手反拿其右腕。（圖7）

2. 左手管其肘。

3. 掤左肘（擊其腹部、肋部）。

圖4

圖 5

圖 6

圖 7

4.左肩靠。（圖8）

5.左膝裏扣（用摔法）。

動作五：

1.左手撩擊其上三角區。

2.右手戳擊其下三角區。

3.右腳踢其根節。（3個勁同時到位）。（圖9）

4.左右手上下合住其右手肘（反關節）右托左扣。

5.突出左肘，必要時以左肘擊其肋，並可以預防對方施靠。（圖10）

動作六：

1.右拳前沖（向對方之胸、下顎、咽喉）。（圖11）

2.右肘迎門肘（又叫穿心肘）。

3.提右膝擊其腹部。（圖12）

4.肘採腳踩，左手反拿其左手，右肘採擊其左臂反關節，上下合擊。兩上兩下。（圖13）

圖8

圖9

圖 10　　　　　圖 11

圖 12　　　　　圖 13

二、勁道注疏

1. 假設敵方在我左前方，出右拳向我進攻，我先掤化他，把他化開。起動時，兩手自右而左，再自左而右螺旋上升，身子下沉，兩手提至胸前，兩腕背往上掤，重心下

沉，有上有下，陰陽對稱。「兩上兩下」：上升的勁點：一是虛領頂勁，二是兩腕上升的掤勁。下沉的部位：肘墜、肩沉、胯往下鬆沉。

雙腕上升，腰胯鬆沉，屈膝下沉，不能前跪、後蹶。在上身中正的前提下，下沉，屈膝，鬆胯。

掤化是為了先試他的勁力，能合則合住他，再加一個掤勁，要右手順纏，左手逆纏，左手管肘，右手管手。走掤勁（含反拿）。要求兩手的距離為一小臂寬，外形和內勁要完美統一。

2. 接動作一，我向對方施加掤勁時，對方來力兇猛，難以掤出，我即順來勢走攌，這時要含胸塌腰，下塌外碾，讓其勁力落空，要順勢借力，右臂要撐圓，左肘要裏合，肘墜下來，避免合不住時，敵方打我肋部。右肘外掤。掌的力點：左掌在小魚際，右手在大魚際。

所謂「下塌外碾」一定要走下弧，不能平線攌，一定要下塌，力量要塌到對方的腳跟上去，他往上拱，接著履他（借其反作用力），左手逆纏變順纏，右手順纏變逆纏，右手領勁，左手下塌，像壓路機一樣，又要沉，又要旋轉地往前往外滾動。同時，不能光走手，胸腰要配合，一定要含胸，塌腰，並順勢開右腳。

3. 當我攌時，他還要進攻，身體已貼近要靠我，我上面走大攌，下提膝，頂他的腰、胯、腹，甚至肩窩肋部。腳可以蹬他膝蓋，蹬他腰、胯、腹，意念是要有 3 個勁，根據情況，可以蹬，可以套，也可以插。雙手走右履時還可以走左肩靠。

4. 當我走大攌，他不得勁，要往回撤，順著他的勁，

趁他往回撤時，反拿他的反關節，左手管肘，右手管手。
如果他胳膊直了，把他發出即可；屈肘就合住他的肘。左
肘一定要掤，他如果走靠，左肘可以擊他的肋部，要突出
右掌根，右手逆纏變順纏，反拿。

5. 體悟此拳「來之歡迎，去之歡送」之順勢借力發力
的特徵。敵退我進。上中下三盤同時並取，右腳可離地踢
其膝蓋，練時腳要走裏弧。左手逆纏變順纏，以肩為軸撩
出去，右手順纏戳出去。左手逆纏收回扣在右小臂上方，
右手上托，合勁。左肘要掤出，指尖、肘尖都向前，他如
靠，用左肘擊其肋部。

6. 先合，準備沖拳。合的外形是握拳。握拳時，內勁
是收腹、吸氣、鬆胯、提肛，尤其是提肛不能丟。凡是合
的動作，內勁都是如此。

下盤五趾抓地，上沖拳至口鼻前面。上沖拳，下提
膝，一定要同時到位。兩上兩下：右拳上沖，右膝上提，
左手下捌，左胯下沉。先上沖拳，我拳被掤，跟著是肘
擊，這肘叫迎門肘，也叫穿心肘。

然後，右拳往下擊，左掌上托，是合勁。呼氣發勁。
頂勁上領，拳往下擊，腳下踩，踩腳不只是為了踩他的
腳，目的是加大右拳下擊的力量（作用力與反作用力）。
兩上兩下，陰陽對稱，有上有下，上下合擊。

三、單式訓練

此勢單式訓練主要包括：

1. 上步掖。

2. 退步掖。

3.進步靠（加反拿，雙手合勁）。

4.上、中、下三盤同時並取。

第三式　懶紮衣

一、勁點剖析

6 個分解動作，至少含 22 個勁。

動作一：

1.拳掌相合，往右前下而上方掤擊。

2.拳掌相合，再向左往回引進來。「先給後要」以求解脫。

3.拳變掌，雙掌往左上再轉向前方掤出。

動作二：

1.雙手先向前掤，再左下右上斜向捌開。右手走右上外弧，展開在右眼右前上方，接應對方來力；左手走左下裏弧，沉在左胯外側，兩手虎口相合。（圖 14）

圖 14

2.左手採敵左腕，右手橫捌擊其左肘反關節。

3.右腿為實腿，左腳虛步點地，必要時左腳可以踢或絆。

動作三：

1.右手引，右腿進（上引下進）。

2.同時，含右手引左手擊（右引左進）。

3.雙手、右腳 3 個勁點一引兩進同時到位。

4.下部進腿又含 3 個勁：蹬、套、插。（圖 15、16）

圖 15　　　　　　　　　圖 16

動作四：

1.右肩靠（含右胯靠）。

2.右手再向左前引（邊引邊靠）。

3.左手揚指坐腕，落在肘彎處，可反拿，可進擊，可變擠。（圖 17）

動作五：

1.雙臂先加掤勁。

圖 17

2. 再走挒勁（橫挒）。（圖 18）

3. 左手反拿，突出右肘（肘擊）。

4. 左腳扣（左後蹬勁）。

5. 右膝裏扣，下扣上翻，右弓蹬步。

6. 右手向右外挒。（圖 19）

動作六：

1. 右掌下塌外碾，逆變略順纏（勁力放長）。

2. 開左胸（含胸靠勁）。

3. 右膝裏扣（含上挒下扣外翻的摔法）。

圖 18

圖 19

二、勁道注疏

1.動作一、二：以聲東擊西之術，先給他，再借他的反彈力，把他引進來，使其來勁落空；他落空欲回，借機我再加掤擊勁。即所謂「折疊勁」。

2.動作三：我左手揚起時，要先塌掌根，鬆胯塌腰，手由逆變順纏揚起。對方如果抓住我的左手，要想解脫，必先下沉塌腕，先逆後順以求解脫再上揚，用逆變順纏的下塌外碾勁。

右手走下弧引進時，肘膝先合好（其中含有膝擊之術），之後再走蹬腿。形成上引下進。

蹬右腳時，右手往下而上向左引，左手走上弧進擊，兩手和右腳要同步到位，腳根據敵方位情況，可蹬、套、插。眼看右側。

3.動作四：我左手揚指坐腕合於右肘彎上，右手繼續往前引，順纏，走右肩靠。同時左手可以接應對方來力，可以反拿他，可以進擊，可以與右肘合成一個擠勁。走靠時，一定要肩胯同步到位。眼視右前方。

4.動作五：左手反拿對方左手，先走擠勁，右手再從對方左臂上方外捌（從下方捌也可以）。我左手沉在腰帶前面（中線），右手肘捌出與右膝裏扣，形成下扣上翻的捽法。

5.動作六：右掌根下塌，小魚際外碾，下塌外碾勁，發放時，如果左手拿住他，還可以用左胸靠。同時，開左胸，胸略往左轉，身體轉正。塌右掌時，上身螺旋下沉，重心移偏左，形成中定勁。

所謂懂勁，含四個方面的內容：①力點所在；②勁別；③勁路；④整體勁力結構。

例如：右弓蹬步的勁力結構：左腳裏扣，腳跟裏側往左後下蹬，要蹬上勁，這樣才能往右側發力，勁是螺旋上行的。小腿的腓腸肌往後外上翻，左膝蓋略往裏扣，大小腿往上撐，不能直著蹬，不能走直勁。大小腿裏側肌肉往後外翻，胯要鬆透，不鬆，腰勁出不來，腰的樞紐作用達不到。膝往裏合，往裏捲。左腳蹬地，地給你個反作用力（反彈力），沿著腿螺旋著上來，由腰的樞紐作用，通過脊背傳導到大臂、小臂到掌。右腿是支撐點，左腿是施力點，是力的來源。右腿一定要弓，小腿垂直（不可跪膝），支撐力要體現出來。右膝可略裏扣，胯要鬆透，胯鬆了，丹田的樞紐作用就靈活了，丹田才能帶動全身。同時，右肘右膝，右手右腳上下相合。（左弓蹬步方向相反，勁力相同。）上盤，右手臂外捌，右掌下塌外碾，同時右膝裏扣，開左胸，形成胸靠、右膝扣、右手捌的一種下扣上翻走摔法的一種整體勁。

三、單式訓練

可以練習右手引左手進擊，上盤右手引，下盤右腳進，同時完成的上下左右一引兩進、化打結合的擊法。

第四式　六封四閉

一、勁點剖析

6 個分解動作，至少含 18 個勁。

動作一：

1. 右手先向右外走弧線加掤勁（不可直接回收）。

2. 左肘裏合（與右手外開配合）。

3. 右手再往左前方引進（走下塌外碾的引化勁）。

4. 眼看右前。（圖 20）

動作二、三：

1. 雙腕合，雙肘掤。（圖 21、22）

圖 20

圖 21

圖 22

2. 雙肘先下沉，走右肘，雙腕再往右前上擠。

3. 左腕背貼於右小臂裏側，合勁前擠。（圖23）

動作四：

1. 含胸塌腰，雙手往左前外走履。（圖24）

2. 左手刁拿手形，虎口圓，右手管其肘。

3. 墜肘，右肘裏合，左腕上提，但左肘不要架。要注

圖23

圖24

意以肘護肋。（圖25）

動作五：

1. 雙腕順纏外旋加大掤勁。

2. 雙肘下沉裏合。

3. 翻掌，挑肘，肘彎裏合。（圖26）

4. 或從其肘外側以肘擊其肋。（圖27）

圖25

圖26

圖27

圖 28

5.同時，雙肘彎裏合，含有肘拿之術。

動作六：

1.跟步推掌。（圖 28）

2.雙掌下塌外碾，雙掌先逆後順向右前下，再偏上推出。

3.右腳走後弧，跟步走右胯靠。

4.雙掌往上搓發（即由逆變略順），走下塌外碾勁。

二、勁道注疏

1.打拳易出現的毛病：欲裏合的動作往往是沒有外掤，就直接收回來，或收回來再掤，多走了半個圈，屬「抽扯之形」。直接回來，敵方可以順勁推進來。我應先給他個力（加掤勁），他還擊推我手時，我就有順其勢、借其力而借勁的主動權了，我可以引化他的推勁向我左前落空。右手掤時，胸略往右轉，左肘裏合，含胸塌腰，塌掌根。往左前方引時，眼看右。胸往左轉，含右肩靠。梢節引，根節靠。三節勁經常是變化使用的，推我根節，梢節打他；拿我梢節，根節打他。

2.動作二、三，首先右手引到腹前中線，雙手合住勁，略下沉，腕合肘掤，雙腕沉到左腹前。其間，有開有合，有引有發，三節勁互用，防敵抱住我身體，合而後發，合時，可拿他，合住他手，先沉一下，走裏弧，再發

擠勁。他抱住我，我含胸塌腰，下沉，加大掤勁，把他肘掤開，先求解脫，然後再往前發擠勁（雙腕交叉點在右膝上方）。從中充分體現下塌外碾勁。

3.動作四：向左擺時，右手在胸前中線，兩手距一小臂寬，眼看右前方，要防止往自己身上擺，兩手距離不能太大，下塌外碾，右肘裏合，往下往外，肘的勁比手勁還大。左肘不能架，肘要時刻保護自己的肋部，拳論云「肘要墜，以護肋」。

4.動作五是一個開合勁。擺他，敵欲撤，墜肘（肘合腕掤），翻掌挑肘，打他肋部，雙手塌在耳門的下方（掌合肘開）。肘不要挑得太高，右肘可略高，左肘略低，胸往左轉，眼順右肘往右看。

5.動作六，順著對方欲撤之勁往下按，往前推雙掌時先下塌再外碾，腳走後弧。避免兩個毛病：一是手腳不能同時到位；二是左腳直線跟過來。要求左腳一定走裏後弧線跟步，兩腳跟要相合，要手按胯靠同時到位，要旋腰撐胯，突出右胯，不要丟掉胯靠。靠：有胸靠、肩靠、背靠和胯靠。雙手下按到他反彈時，順他上拱的勁借力外搓，雙手逆纏往下按，略順纏往上搓，下按時力點在大魚際，上搓時，力點在小魚際。又是一種下塌外碾勁。

三、單式訓練

1.進步擺靠。
2.下沉上擠（左右練習），可以振腳發勁。
3.一擺一按（左右練習）。

第五式　單　鞭

一、勁點剖析

6個分解動作，至少含 19 個勁。

動作一：

1. 接六封四閉動作六，敵按我雙肘，我右手肘引化，左手進擊，勁點在指尖，穿掌，擊其咽喉或胸部。

2. 同時胸略右轉，右手化解其按勁，收置於左肘彎上側。（圖 29）

動作二：

1. 我出擊的左手，被敵左手拿住，我裏捲右肘採擊敵左肘，以求解脫我左手。或我左手反拿敵左手，突出其反關節，我右肘採擊。

2. 或我左右手都被敵方抓住（或只拿我右手），我右手捏攏、折腕、走肘，以解脫。（圖 30、31）

3. 右手勾手邊解脫邊進擊其胸、肋、腹部。（圖 32）

動作三：（對付左前方來敵）

1. 左手臂引進。

2. 左肘掤出。

3. 右勾手以腕背掤出。

4. 提左膝擊其襠、腹。

5. 出左腿腳，可以蹬、套、插。（圖 33）

圖 29

圖 30　　　　　　　圖 31

圖 32　　　　　　　圖 33

動作四：

1. 走左肩靠。

2. 左膝裏扣（或外擺）。

3. 左肘搠擊。（圖34、35）

動作五：

1. 敵推按我左肘臂，我手肘引化。

2. 引化敵來力落空後，我走左肘、手，向左前捌擊。

3. 右腕背略裏合，配合左手左擊，突出右腕背可以橫擊敵上盤。（圖36）

圖34　　　　圖35

圖36

動作六：

1. 左手走下塌外碾勁。（圖 37）

2. 身法轉正，開右胸，重心略後移，體現螺旋下沉的中定勁。

3. 下盤左膝裏扣，體現下扣上翻的摔法。

圖 37

二、勁道注疏

1. 動作一、二，都要邊引邊進，體現化打結合的陰陽相濟勁。

2. 動作三，體現上引下進（手引膝腳進擊）。

3. 動作四、五，注意胸腰運化與肩、肘、手三節勁的交替運用。並注意左手外捋與右勾手腕背裏合的左右合勁。

4. 動作六，體現定勢呼氣下沉、加大周身掤勁，兩臂一定撐圓，上肢中節、根節外撐，梢節（手、腕）裏合、勾手掤圓體現內氣鼓蕩、外形飽滿的整體勁。

第六式　第二金剛搗碓

一、勁點剖析

5 個分解動作，至少含 23 個勁。

動作一：

1. 先雙手下塌再左逆右順向左掤（接應來力）。（圖 38）

2. 走右上攦（因來力偏高，或係矮個對應高個）。（圖 39）

圖 38

圖 39

3.走下按（敵來力落空，欲撤）。（圖 40）

4.左膝裏扣（腓腸肌外翻）。

5.雙手向左前發放（下盤配合左膝裏扣，走摔法）。（圖 41）

動作二、三、四、五，同第一金剛搗碓動作三、四、五、六，含 18 個勁。

圖 40

圖 41

二、勁道注疏

1. 從動作一一動之中含五個勁的勁道中，細心體悟此拳內涵之豐富、勁道之細膩以及太極拳技擊之特徵。

2. 從動作一中，還要體悟能上能下、在上身中正前提下的立體螺旋勁，胸腰的左右旋轉。一動之中胸腰左、右、左三次旋轉。

3. 體會動作一右上攔（走上弧）、左前發（走下弧）的下塌外碾勁。

三、單式訓練

練習引而後發的左右折疊勁，可以左右交替練習即動作一。

第七式　白鶴亮翅

一、勁點剖析

5 個分解動作，至少含 15 個勁。

動作一、二：

同懶紮衣動作一、二，含 6 個勁。

動作三：

1. 右手向左引，同時提右膝與右肘合勁。

2. 上盤右手左引化，下盤右腳向右前方（斜角）插襠，或走蹬、套。

3. 左手自左而右上揚，向右進擊，形成右手引左手進。

動作四：

1. 右肩靠（迎門靠）。

2. 梢節左引。

動作五：

1. 右手向右上外挒。（圖42）

2. 右肩進靠。

3. 左腳走後弧收，右胯靠擊。（圖43）

4. 右手下塌外碾（發放）。

5. 左手可以採挒敵左手。

圖42　　　　　圖43

二、勁道注疏

1. 注意梢節引、根節靠的三節配合勁。防止身隨手走的身法左右擺幌。

2.注意開合相寓勁。最後雙臂展開時，注意雙手（梢節）相合，兩手虎口相呼應。開中有合。

3.注意動作五左腳跟步時要走後弧線，以體現跟步時走右胯打。最後體現手捌胯打同步到位的整體勁。

第八式　斜　行

一、勁點剖析

6個分解動作，至少含19個勁。

動作一、二：

1.右手以腕背先右外掤。（圖44）

2.再向左上裏打。（圖45）

3.左手先左後外採捌。

圖44　　　圖45

4. 再向右上裏打。（圖46）

5. 右手再向右胯外側採挒。（圖47）

圖47

圖46

動作三：

1. 雙手右上掤挒。

2. 下提膝。（圖48）

3. 雙手走大攦。

4. 下盤進左腳（含蹬、插、套）。

5. 如對方提腿踢我胸腹部，我則雙手托攦其腿，下盤進腿，上引下進。

動作四：

1. 左手向左外下走摟勁，摟腿、摟臂、摟腰均可。

圖48

2.左肩靠勁。

3.右肘裏合橫擊。（圖49）

4.左手勾手上挪提腕。

5.右手推擊其右臂反關節，或推其胸腹部。（圖50—52）

圖49　圖50

圖51　圖52

動作五：

1.右手向右外橫挒。

2.左手提腕，加大掤勁，與右手挒勁相呼應。（圖 53、54）

動作六：

1.右掌下塌外碾勁。

2.胸腰左轉下沉中定勁。

圖 53

圖 54

二、勁道注疏

1.動作一、二，體現左右折疊、絞截勁。既是打法，又是摔法。如「挽花」練習中的「一順一逆」勁。

2.同時，還體現上下左右立體螺旋的升沉勁。雙臂忽上忽下，忽左忽右的絞截摔法。（此類動作，在形意拳中叫「貓洗臉」，螳螂拳中叫「螳螂手」。）

3.動作一、二，還體現欲左先右（掤），欲右先左（打），聲東擊西的戰術。

4.動作四、五，體現上引下進，右引左進，上下左右化打結合的陰陽相濟勁。動作六，即下塌外碾，螺旋下沉之中定勁。

三、單式訓練

1.練習左右絞截、右上引左下進勁。

2.練習右左絞截、左上引右下進勁。

第九式　初　收

一、勁點剖析

2個分解動作，至少含8個勁。

動作一：

1.敵從我左前方進右腿，以雙手推擊我胸部。我胸略右轉，化開其左手。

2.我再略左轉，化開其右手。

3. 我雙手從裏環再向左上外掤化敵人雙臂。（雙手上升，腰胯下沉）。

4. 從其裏環向上、向外掤化敵雙臂後，再合住其雙肘，上托。（圖 55—58）

圖 55

圖 56

圖 57

圖 58

圖 59

動作二：

1. 我上托，敵下沉，我變按。（圖 59）

2. 敵繼續下沉，我雙手再變下採。

3. 下盤提膝擊其襠、腹部。如對方低頭，則擊其面部。

4. 根據對方變化，我雙手下採時可採其手、肘，按其肩、頭。與下提膝，形成「上下合擊」。

二、勁道注疏

1. 動作一，要體悟梢節運化與胸腰運化之配合。

2. 充分體現「引勁落空合即出」的原則。雙手掤化，再合住，依勢而擊。

3. 雙手向上外掤時，腰胯一定向後下沉，形成「逢上必下」的對稱勁。

4. 動作二，體現上下合擊勁。雙手下按（採），左膝上提，形成上下合擊。我胸腰、手膝相互形成「聚勁」（合勁）。但又要注意合中寓開：手膝相合，雙肘掤開。

三、單式訓練

1. 連起來，練習：裏合，外掤，再裏合，上托、下按勁，一氣呵成。

2. 練習採手、提膝，胸腰折疊的上下合擊勁。

第十式 前蹚拗步

一、勁點剖析

3 個分解動作，至少含 12 個勁。

動作一：

1. 雙手先揚指坐腕，向左前掤，接應來力。

2. 雙手向右下攦。（圖 60、61）

3. 上攦下提膝。

4. （敵撤）我雙手隨勢上掤其右臂。

5. 同時外擺左腿腳，擊其下盤。（圖 62）

圖 60

圖 61

圖 62

動作二：

1. 胸腰左轉，我左手反拿對方左手。

2. 同時，以右肘橫擊其左肘左肋。（圖63）

動作三：

1. 敵撤左腿，我進右腳插襠（或蹬、套）。

2. 同時，以右肩靠。

3. 右肘擊。（圖64）

4. 右手捋、掌塌（下塌外碾勁）。

5. 或右膝裏扣，右手肘外捋，走摔法。（圖65）

圖63

圖64

圖65

二、勁道注疏

1. 動作一，體現雙手右下攦與左膝上提、左膝上提與右胯下沉，兩個上下配合。（兩組陰陽相濟勁）

2. 動作二，注意胸腰左轉與右肘橫擊勁，橫向螺旋整體勁。（右腳跟可以提起，以腳掌為軸左轉裏合，以加大右肘橫擊勁）。

3. 動作三，要注意雙臂掤開時，右肩靠、右手肘的外捌勁與右膝裏扣勁相配合，以走「下扣上翻」的捧法。

第十一式　第二斜行

一、勁點剖析

5 個分解動作，動作三、四、五與第一斜行動作四、五、六相同，共計至少含 15 勁。

動作一：

1. 先右掤。

2. 再左引化。

3. 含右肩靠。

動作二：

1. 敵欲退，我雙手向右掤擊。

2. 其中含右手可反拿其右腕，左手合擊其右肘反關節。

3. 同時含右手捌、左手橫切其肋部。

4. 左腳走後弧跟步，體現右胯靠勁。

動作三、四、五，同第一斜行動作四、五、六，含 9 個勁。

二、勁道注疏

1. 動作一、二，注意下盤重心右、左、右、左、右倒換 5 次，以重心之調整，做到隨遇平衡。

2. 同時，體現梢節的左右順逆折疊勁。如右手：逆掤、順引、再順引加肩靠、再逆纏塌掌根，再逆纏右掤捋。

3. 其中還要注意右手裏合左引時，體現梢節引、根節（肩）靠的三節交替互用勁。

三、單式訓練

動作一、二，可以連起來，練習右掤——左引——右發（跟步）的折疊引化而後的發放勁。注意最後體現手擊、胯打的整體折疊勁。

第十二式　再　收

同初收。

第十三式　第二前蹚拗步

同第一前蹚拗步。

第十四式　掩手肱捶（拳）

一、勁點剖析

5 個分解動作，共含 27 個勁。

動作一（分三小節）：

1.雙臂外掤、下沉、右手握拳、裏合、外撇，發右撇身捶勁。（含掤、沉、撇三個勁）（圖 66）

2.雙臂再沉、外捌上提（掤）、右拳左掌勁相合，含雙峰貫耳之術。再裏合下插，右拳擊其胸，右膝擊其腹，左掌裏引掩護右拳進擊。含沉、捌、拳掌合勁、右拳、右膝進擊等 5 個勁。（圖 67）

圖 66

圖 67

3.雙臂右前引，震右腳、提左膝、進左腳，可以蹬、插、套。從中體現上引下進之勢。（圖68）

動作二（分三小節）：

1.左手裏合（引），右拳外撇。（圖69）

2.左肘裏合下採，以解右拳被拿。（圖70）

圖68

圖69

圖70

3. 右拳裏合解脫下沉，左掌進擊（迎面掌）。（圖 71）

動作三：

1. 雙臂肘被對方抓拿，我雙肘下沉，以右肘彎合拿對方之手（截拿對方之左手）。（圖 72、73）

2. 左手順纏掤出。

圖 71

圖 72

圖 73

圖74

動作四：

1. 左手逆纏裏合、下沉、前掤。

2. 右手順纏下沉裏合至胸前，略逆纏，肘外掤準備進擊。（雙手合勁）

動作五：

1. 右拳發勁，左手半握拳，回抓，肘後稱。（圖74）

2. 其中含：①右肩靠；②展肱走肘；③再走撩拳（三節勁貫串）；④同時左手回抓（引）；⑤左肘後稱，與右拳形成對稱勁（由胸腰左轉，左肘後稱勁通過脊背，傳達到右臂右拳，體現對稱平衡的整體勁。）

二、勁道注疏

1. 為什麼叫「掩手肱捶」？肱者，大臂也。此勢，一般人只是注意發右拳之直勁。其實內含不只是一拳之勇，而是含肩、肘、拳三節勁。而且要拳走下弧，螺旋抖出去。鬆活彈抖發放出去。陳老師當時講：「好像我這個拳頭不要了，把它扔出去，以肩為軸，將拳走下弧線抖出去。」從而體現「勁走三節」之術。

2. 注意發勁時，左肘（左後）與右拳（右前）形成一股對稱勁。基本上拳有多大前沖勁，左肘有多大後稱勁，前後形成一條線。靠胸腰旋轉，發放一種整體性的持衡的

對稱勁。合勁時由開右胸到含胸，發放時開左胸。從而體現「緊要處全在胸中腰間運化」，「勁從脊發」，「主宰於腰」等拳論。

3. 發勁時，還要體現右腳根裏側向後下蹬，與右拳向前發放勁，形成一條節節貫串的力線。其勁力結構：左腳是支撐點，右腳是施力點。左肘右拳前後對稱勁，右拳右腳上下一股連貫勁。以胸腰為樞紐，形成周身一家，整體作業、螺旋發放。其中，出拳時，要充分體現三節勁、捲放勁、螺旋勁、彈抖勁、整體勁五個特徵。

4. 一、二路拳，共有 10 個掩手肱捶，練法基本相同。只是步法上略有變化，動步、不動步、躍步 3 種步法。

三、單式訓練

把 5 個動作連起來，練習在跳躍中發勁：

①調整方位。②開、合、開三個勁。③開之再開。④合勁，蓄勁。⑤發勁。但要注意：跳躍時，一定要做到四肢上升，襠部下沉。仍是有上有下，輕沉兼備。

第十五式　十字手

一、勁點剖析

2 個分解動作，共含 8 個勁。

動作一：

1. 敵以右拳向我胸部進擊，我雙臂掤開，走斜向捌勁，左手擊其胸、肋部，右手捌擊其頭部。或從裏環斜向

捌其雙臂。（圖 75）

　　2.右手接應對方右手，反拿其腕；

　　3.左手上翻下扣、右手下沉上兜，反拿其右肘，雙手形成一個合勁（也是一托一扣的絞勁）。（圖 76）

動作二：

　　1.體右轉，右手拿腕，左肘橫擊其右肘反關節。

圖 75

圖 76

2.左膝裏扣，右腳略後撤，形成一種向右側的橫向摔法。（圖 77、78）

圖 77

圖 78

二、勁道注疏

1.雙臂掤開時，一定要腰部帶動，雙臂（含大、小臂）、襠胯、脊背、腹部、丹田，都有向外膨脹的感覺。不要只捆雙手。

2.手腕相合時，一定要突出左肘，以備發左肘橫擊勁。

3.拿腕擊肘時，一定要由腰（丹田）帶動，形成周身整體勁。其中（動作二）又要特別注意左肘向右橫擊時，左膝裏扣，形成上下一股勁。

第十六式　第三金剛搗碓

一、勁點剖析

3 個分解動作，至少含 16 個勁。

動作一：

接十字手，雙手先向前掤，再右手右上、左手左下走斜向分捌勁。（圖 79、80）

圖79

圖80

動作二：

1.敵人加大按我左臂的勁力，我左手變順纏，再向左下引化來力。（圖 81、82）

2.同時，右手加大掤、挒勁。

3.我左手下引，右手上掤，同時提左膝進擊其中盤。（圖 83）

4.左腳插襠（含套、蹬）。（圖 84）

圖 81　　　　　　圖 82

圖 83　　　　　　圖 84

5. 左手托挑，右手採，形成槓杆勁，即摔法。（圖 85）

6. 敵背勢、後撤，我立即上、中、下三盤同時進擊。（圖 86）

動作三：同第一金剛搗碓動作六。

圖 85　　　　　圖 86

二、勁道注疏

1. 此勢體現隨高就低、隨屈就伸的勁力變化，從中體會練低架子的益處。特別注意左手的引化。

2. 從動作二中，體會：

（1）左手由逆纏變順纏再下沉中含有先解脫對方的下按或抓拿勁，再引化。

（2）左手下引，右手上掤，中盤進膝，又是一種上中下合擊方式。

（3）左腳插襠，左手上托，右手下採，（可以震腳發勁）充分體現運用槓杆力學的摔法。

三、單式訓練

把動作一、二連起來，著重練左托右採，或右托左採的槓杆勁，可以跳躍震腳發勁。

第十七式　披身錘

一、勁點剖析

7個分解動作，至少含18個勁。

動作一：

雙手順纏向兩側掤開，以解脫敵方抓拿我雙腕。（圖87、88）

圖87　　　　圖88

動作二：

1. 右腿向偏右後蹬，以加大上肢向前合擊之勁。

2. 雙掌走上弧裏合，進擊敵頭部、胸部。（圖89）

動作三：

1. 當我雙手向前裏合擊時，敵方左手抓住我左腕，我右手扣拿敵抓我之左手。（圖90）

2. 以我左腕外緣切擊敵左手腕。（拿法）（圖91）

3. 以我右肘進擊敵之左胸、肋、肘部。

4. 敵一旦解脫，我以右拳擊之。

圖89

圖90

圖91

動作四：

1. 敵抓按我雙臂，我雙臂加大外掤勁，以造勢借力，開為了合，準備借敵按勁變裏合肘進擊。（圖92、93）

2. 進肘（以右肘為主，左肘為輔）。（圖94、95）

圖92

圖93

圖94

圖95

動作五：

1. 當我右肘進擊時，敵右手迎我右手，我順勢右轉下沉，引化敵右手。

2. 我以左肘、拳向右裏合進擊，切擊其右臂反關節（左肘一定要走順纏螺旋切勁）。（圖96、97）

動作六：

1. 接上動，敵不得勁，欲回。我右臂逆纏掄起上掤，擊其左太陽穴。（圖98）

圖96

圖97

圖98

2.設敵擋我右臂掤擊之力，我變招，右臂肘下沉，變順纏走裏合肘，擊其左肋部。

3.右小臂向左走橫切勁。（圖99）

動作七：

1.敵右拳向我反擊，我右手接拿敵右腕，順勢向右側上引化。（圖100）

圖99

圖100

2.左肘裏合，擊敵右臂反關節，或擊其右肋、右背。

3.左腳、左膝裏扣，配合右手、左肘，從下盤扣絆敵之下肢。右手拿引、左肘裏合、左膝裏扣，三點一條斜線，形成向右前方的摔法。（圖 101、102）

4.如左腿係插襠，則以腳掌為軸，以左腿腓腸肌外翻彈擊敵右下肢。可與上肢配合走摔法。

圖 101

圖 102

二、勁道注疏

1. 以上係按敵人從前方進擊。如對付身後敵人摟抱進擊，則另有其技擊含義。（見拙著《陳式太極拳技擊法》一書之 70—72 頁）故此勢又稱「神仙大脫衣」、「背折靠」。從中可以體現此拳一勢多用之奧妙技巧。

2. 此勢充分體現了太極拳開合相寓、化打結合的勁道。開是為了合（動作二、動作四）；合中又含開勁（如動作三，手合肘開）；化中含打（動作五，右手採引，左肘進擊）。

3. 定勢，體現周身一家的整體勁力結構：右手拿敵右腕上引，左肘進擊中盤，左腳扣擊其下盤，三點斜向一線，形成諸節互用的整體勁。

三、單式訓練

1. 右採左擊，右掤左採，交替練習（即動作四、五連接練習）。

2. 左腳左膝裏扣、左肘裏合、右手上引、右肩後靠，四勁合一練習（即動作七）。

第十八式　青龍出水

一、勁點剖析

4 個分解動作，至少含 10 個勁。

動作一：

1.右側敵按（拿）我右腕，我順勢右拳順纏外掤下沉引化（或我右手反拿其右手，邊拿邊沉）。（圖103、104）

2.同時，我身右轉，以左拳擊其右臂反關節，或擊其耳門，右肋、右肩。（圖105）

3.或以我左肘擊其身右側。

圖103

圖104

圖105

動作二：

1. 敵以左臂接應我左拳（臂）進擊我面部、胸部。

2. 我左手順勢下沉引進。

3. 同時，我右臂逆纏上揚，走右上弧，自後下而上掄起，進擊其左側上盤。（圖 106）

動作三：

1. 敵搠按我右臂，我右臂順勢引進（收回）。

2. 同時，我左手撩擊其襠部，如對方也走低勢，我則撩其面部、胸腹部；（圖 107）

圖 106

圖 107

圖 108

動作四：

1. 敵以左手擋、挒我撩擊的左手，我左手略裏合於右肘外側，蓄勁。

2. 我左手反拿敵進擊之左手，同時以右小臂、右拳橫擊其肋部。（圖108）

二、勁道注疏

1. 此勢充分體現此拳化打結合、合而後發、蓄而後發的技擊特徵。

2. 化打結合：動作一，是右化左進；動作二，是左引右進；動作三，右引左進；動作四，左引右進。一引一進，化打結合，化打交替。

3. 蓄而後發：動作四充分體現了合而後發、蓄而後發的技擊特點。同時也體現蓄慢發快的快慢相間的技擊特徵。

三、單式訓練

1. 練習左右手（臂）交替發前撩和橫挒勁。

2. 練習蓄（合）而後發，蓄慢發快的節奏性運勁發勁技巧。

第十九式 雙推掌

一、勁點剖析

4 個分解動作，至少含 16 個勁。

動作一：（類似懶紮衣接六封四閉）

1.右手前掤（欲左先右），左肘裏合。

2.右手引進來力。

動作二：

1.雙腕合沉再向右前上擠（欲右上，先左下合）。（圖 109、110）

圖109

2.我前上擠時，對方下沉，我順勢走下採勁（壓）。

圖110

3. 或我左手趁下沉反拿敵左手腕，以右臂採壓其左肘反關節。（圖 111）

圖 111

動作三：

1. 我隨敵欲撤之勢，上盤變招走擴。

2. 我左手刁拿敵左腕，右肘裏合其左肘反關節。

3. 我上盤走擴，下盤走前掃（絆），也可以蹬擊敵左胯、膝、腿等部位。（圖 112—114）

圖 112

圖 113

圖 114

圖 115

動作四：

1. 我雙腕橫向掤開（欲合先開）。

2. 同時，提右膝撞擊其襠、腹部。（圖 115）

3. 我再合掌、挑肘擊其胸。

4. 同時，肘彎裏側可以拿敵按我之雙手。

5. 右腳插入敵襠部。（圖 116）

6. 雙掌推擊、右胯靠打，走手按胯靠之摔法。（圖 117）

圖 116

圖 117

二、勁道注疏

1. 此勢充分體現隨屈就伸、欲合先開、合而後發的技擊原則。（如動作一、二、三）。

2. 動作四，體現橫向開縱向合、下蹬上合、手合肘開（開中有合），上開下合、下開上合等等太極拳特有的陰陽相濟的技法。

3. 其中，還體現了拳論所云「貼身用肘擊，去遠必展肱」之術。

4. 最後，還要體悟手按胯打的整體勁。

三、單式訓練

1.雙手左攦，下盤右腿裏掃（絆）。

2.雙手右攦，下盤左腿裏掃（絆）。

3.雙手橫向掤開，下提膝；然後蹬腳雙手合雙肘挑；再推掌走胯靠。（左右練習）。

第二十式　三換掌

一、勁點剖析

3 個分解動作，至少含 15 個勁。

動作一：

1.（接雙推掌）敵按我雙肘或小臂，其右側來力大，我右引左進（穿左掌擊）。（圖 118）

2.敵掤或拿我左掌，我以右肘裏合、捲採，以解脫左手。（圖 119）

圖 118

圖 119

3.趁左手解脫，進擊右掌（橫挒）。（圖120）

4.另一種用法：上述2、3兩個勁合用，我左掌反拿敵之左腕，右肘下採擊其左肘反關節，可使敵下跪而走摔法。（圖121、122）

動作二：

與動作一之2、3、4運勁方位相反，勁道相同。

動作三：

1.與動作一之2、3相同，右肘前捲下採，以解脫左手。

2.我趁左手解脫，反拿敵之右手，向左下採挒，我右手臂向左上斜向挒開，以擊敵之頭部、頸部或胸部。

圖120

圖121

圖122

二、勁道注疏

1. 雙手開合採挒之過程中，一定要注意含胸、開胸、胸腰左右旋轉之勁。採挒時，一定要含胸；挒開時，一定要開胸。不要只走手、肘之勁。要體現以胸腰為中樞的整體運作。

2. 被拿與反拿、反拿與解脫、解脫與進擊，都要相互結合，交錯運用，化打合一，陰陽相濟。

3. 雖然此式手法動作圈小，但諸勁均不可丟，雙臂圈小更要注意掤圓。

4. 雙肘前捲下採時，一定要注意墜肘下採之勁。此勁，除了為解脫被拿之另一隻手外，還有採擊其反關節，使敵下跪，趁其下跪之勢向前抖放，從而走摔法。

5. 從此勢中，還可以體悟橫破直、直破橫之技法。

第二十一式　肘底捶（葉底藏花）

一、勁點剖析

此式只一個動作，含 6 個勁。

1. 敵以右手接應我進擊之右掌，我右掌順勢右捌下採。

2. 左手趁勢上揚，向右擊其右臂反關節；（或擊其頭部）。

3. 我左肘下採，右掌握拳自下而上沖擊其胸部（即所謂「葉底藏花」）。左肘下採與右拳上提形成上下合力進

擊。

　　4. 或我右手反拿其右腕，左肘下採擊其右肘反關節。
（圖123─127）

圖123　　　　　　　　圖124

圖125　　　　　　　　圖126

圖 127

二、勁道注疏

1. 此勢雙臂的絞截勁，類似白鶴亮翅接斜行動作一之左右絞勁。注意身法的左右旋轉，及丹田帶動之核心勁。

2. 右手上擊與左手下引（採）；左手上揚進擊與右手下引（採），又是一組化打結合勁，要細心體悟其妙處。

3. 同敵人交手中，要注意拿其反關節，使其處於背勢。例如，上肢三節、下肢三節的六個關節軸的反向。

4. 此勢還可以對付下列一種情況：即敵人以右拳向我胸部擊來，我先以右掌接應來力，順勢向我右側引化、捌採；同時以左肘擊其右肘反關節，敵收縮其臂欲後撤，我即以右拳與左肘合擊之。

第二十二式　倒捲肱

一、勁點剖析

7個分解動作，至少含25個勁。

動作一：（敵來勢兇猛，我以後退化解其來力，同時退中有進，化中有打。）

1.欲退先進（左手順纏向前上穿掌）。

2.左手引化下採、挒（對方進攻之手或腿腳）。

3. 右手先給肘，再走上弧，向前推、挒、碾、塌。（圖128、129）

圖128

圖129

4.下部左腿後撤：我腳如在敵腿腳外側，則走裏弧勾絆；如在對方前腿裏側，則先外撐，撐開敵腿，再走裏弧後撤。（即下盤的開合勁）（圖130）

5. 撤步時頓左足，右手發力，根節至梢節，節節貫串，形成整體勁。

動作二、三：（一開一合，欲合先開）

1. 雙手斜向外掤，掤為了合。（圖131、132）

2.敵人按我右臂，我右手先外掤捋再裏合擊其頭部、頸部、胸部。

圖130

圖131

圖132

圖133

3.同時，如敵以右手抓按我左臂，我左手先向左後引化、再合肘以左肘彎絞截拿敵之右手；

4.下盤左右腿一開一合，擊打敵人雙腿，破壞其根節，使其失去平衡。（圖133）

動作四：與動作一基本相同，動作左右相反，招法相同。

1.左肘、手進擊，右腿後撤，即所謂退中有進。退步走裏弧，或勾絆，或裏合，退中有擊；

2.右手隨退右步向右下後採挒，配合左手進擊。形成左手上進右手下挒，左進右撤之勢。

動作五、六：同動作二、三，方位相反。

動作七：同動作四，方位相反。

二、勁道注疏

1.此勢，充分體現此拳陰陽相濟原理，退中有進，進中有退，右腿撤左手進，左手進右手採挒，而且後撤之足，邊退邊勾絆，退中又含有進擊之術。

2.此勢難練之處在於：左右手開合之配合，左右腿開合之配合，上盤前進與下盤後退之配合，上下左右的配合，都非常協調而巧妙，練者要細心體悟，認真練習，方可掌握此勢微妙的整體勁道。

3.後撤之腳落腳時，一定要腳尖向前一般人易外撇，兩腳前後仍保持平行步。從中體現退步時腿腳裏合勾絆之

勁，同時惟有如此方可保持襠部撐圓。同時，後退之距離
不可過長，要體現「進要柔，退要促」之拳理。

4.上盤每次開合，要注意突出肘勁。倒捲肱的「肱」
字，即運用大臂及肘部的勁力。

三、單式訓練

按上述動作二、三、四，連起來反覆練習，以練習上
盤下盤同時開合勁，與後撤頓步擊掌之整體勁。

可以左右交替反覆練習。退到一定地盤時，可以轉身
再退步練習。

第二十三式　退步壓肘

一、勁點剖析

4 個分解動作，至少含 12 個勁。

動作一：

1.右手先向右外掤（為
了引進，欲要先給）。

2.右手裏合引進。

3.同時，走右肩靠（邊
引邊進）。（圖 134）

動作二：

1.右手引進使來力落空
後，再反擊打回勁（即左
右、順逆折疊勁）。

圖 134

2. 近身先走肘，遠去再走手。

3. 左手配合右手，向右前掤出擊其胸、腹部。（圖135）

動作三：

1. 設對方掤按我左手，我左手肘引進，右肘手向右外捌擊（即左合右開，左引右進）。

2. 右手被拿，以左肘裏捲下採，解脫右手（即所謂「壓肘」之勢）。（圖136）

3. 或我左手肘被拿，以右手裏合反拿敵拿我左肘之手，以求解脫左手。

動作四：

1. 我右手向右下採攦敵人抓我左肘之手。

2. 左手肘解脫後進擊。

3. 右腳撤步頓足，借大地之反作用力，以助左手發勁。

圖 135　　　　　圖 136

4.或左手前上挒、右手下採、右腳裏勾後撤使絆勁。形成上挒下絆的摔法。（圖137）

圖137

二、勁道注疏

1.體悟動作一、二右掤、左引、再右挒的往復折疊勁；同時，體悟動作三欲合先開、欲捲先放的開合勁。

2.動作三，左肘裏合時一定要體現既要裏裹又要向前下採的合勁（與右手的裏摟形成一個整體合勁）。

3.動作四退步出掌時，一定要注意右腳頓步蹬地與左掌向左前發勁協調一致，體現節節貫串的整體勁。

4.右腿後撤時，一定腳掌擦地，走裏弧線，形成裏勾使絆之勢。同時，注意一定要周身合好之後再撤步（不要邊合邊撤）。撤右步與出左掌完全協調一致，做到同步化。

5.兩腳進退，都要騎在一條線上走，前後腳不能落在一條線上。

三、單式訓練

1.退右步，出左掌。（手肘合好之後再發勁）
2.退左步，出右掌，交替練習。

第二十四式　中　盤

一、勁點剖析

6 個分解動作，至少含 25 個勁。

動作一：

1. 左手引進，撩右掌。（圖 138）

2. 右手反拿敵右手，左肘裏捲下採擊敵右臂反關節（或我撩出之右手被拿，我以左肘解脫）。（圖 139）

3. 右掌裏合，左掌向左前方捌出。

圖 138

圖 139

動作二：

1.當我左肘裏捲下採時，敵下沉以求解脫。（圖140、141）

2.我順勢走右下大挒。

3.挒時重心偏左，含左肩靠。

圖140　　　　圖141

動作三：

1.敵欲撤，我順勢開左腳（開腳時重心移右，再迅速移左），左肩、左肘、右手向左前上反擊。

2.或左手反拿其左手腕，右手上挪其肘，使對方形成背勢。

3.同時，提右膝擊其腹、胯、襠。形成上中下三盤的合擊勁。（圖142）

圖142

圖 143

動作四：

1. 我雙手（左順右逆）合拿敵人之左手肘，向下採擊其反關節。

2. 震腳以加大上盤下沉採擊力量。（圖 143）

動作五：

1. 雙手合勁向右前掤引。

2. 左腳向左後插、套、蹬。

動作六：

1. 設對方按我雙肘，我雙肘加大掤勁（先橫向開，準備穿掌縱向合）。

2. 借對方按我雙肘之勁，變合肘穿掌，以雙掌指尖擊其襠部，腹部。（圖 144、145）

圖 144

圖 145

3.穿掌時震腳，以加大雙臂進擊之力。

4.我穿擊雙掌時，對方右手按或拿我右手，我手肘先合而後開，以左肘手向左上掤、挑、捯其右臂，右手向右下採捯其左手；同時左腿裏扣，形成下扣上翻之勢，走摔法。同時開右胸，含胸靠之勁。（圖146、147）

圖146

圖147

二、勁道注疏

此勢勁力內含豐富，其中充分體現了此拳化打合一、引發結合、採捯結合、開合相寓以及三節勁的交替運用等等「因敵變化示神奇」的拳理和技法。從中要細心體悟以下若干技擊用法：

1.左引右發（如動作一）；

2.右引左發（如動作二、三，右下攦左上發）；

3.向左上發時，先走左肩靠、左肘擊、左手掤（或拿），三節勁節節貫串；

4.雙手右引，左腳左進（動作五）

5.橫向掤引，縱向進擊（動作六之第一段）；

6.正身合，斜向開；上盤開（雙臂），下盤合（左膝）。（動作六之第二段）。

三、單式訓練

1.右下大攦，身左轉上提右膝擊發；

2.左下大攦，身右轉上提左膝擊發。雙向交替練習。（其中上提膝過程中，含肩靠、肘擊、手打）。

第二十五式　白鶴亮翅

同前，略。

第二十六式　斜行拗步

同前，略。

第二十七式　閃通背

一、勁點剖析

6個分解動作，至少含 25 個勁。

動作一:

1. 雙手下沉裏合,再向左前上掤開(含掤化敵方進擊的雙手)。(圖148、149)

2. 雙手由外而內裏裏,合對方雙肘,含左前上搓而發之意。

3. 或我以雙掌裏合後穿擊其胸、腹部。

動作二:

1. 搓發未果,我雙手合住其左臂,準備以右肘橫擊前縱向搓發不得勢,變橫向合準備橫向發。(圖150)

圖148

圖149

圖150

2.左磨盤肘，先橫向以左肘擊，再發右肘，雙肘螺旋進擊。（圖151）

3.左腿後掃，配合左旋雙肘，上下合力，向左側發放。（圖152～154）

圖151　　　　　圖152

圖153　　　　　圖154

動作三：

1. 如對方按我雙肘，阻我發橫勁，我再變招，先橫向開胸掤肘（橫向開，係為了縱向前上撩擊）。（圖 155）

2. 再借勁縱向向右前上發撩勁。（圖 156）

3. 撩勁遇阻，我左手被對方左手抓住，或我反拿對方左手腕，我走橫向捯開，右手臂橫擊敵左肘反關節，使對方不得勁。我雙肘必下墜。（圖 157）

圖 155

圖 156

圖 157

圖 158

動作四：

1. 接上動作，敵人從右側以右手擊來，我迅速以右手接應敵右手。（圖 158）

2. 左手後揚，準備前擊（欲前先後）。

3. 右手接應敵右手，順勢反拿其右腕裏引（合）。

4. 同時，左掌上揚向右前甩開，向對方上盤、或右肘反關節擊出。如揚鞭甩出，鬆活彈抖。（圖 159、160）

動作五：

1. 甩出之左掌遇阻，收（引）左掌，穿右掌。（圖 161）

圖 159

圖 160

圖 161

圖 162

2.下加提膝，擊其襠、腹。

3.上左步，踢、插、蹬。

4.採左掌、穿右掌、上左步，上中下三盤同時並取。（圖 162）

動作六：（翻身摔法）

1.右掌逆纏上掤捋引（接應對方右臂）。

2.左掌順纏下插（插其右腋下，或插入其襠部，即「海底針」名稱之來源）。（圖 163）

圖 163

3.雙手上翻、上托，準備向右後方發放對方。

4.插入敵襠內之左腳，以腳掌為軸裏合，腳跟提起，以小腿腓腸肌向後上翻彈。

5.左胯向右上靠擊其右胯。

6.右腿後掃。

7. 以腰為樞紐，上、中、下三盤結合，向右後旋轉180°，走捋法。注意：手拿、腿彈、胯打、頓步、雙手上托、右腿後掃，協調一致向右後捋出（俗稱「背口袋」）。（圖164～168）

圖164　　　　　　圖165

圖166　　　　　　圖167

圖 168

8.轉向定勢時，還含有身體下沉、左肘下採（肘膝相合）、左手前劈的擊法。（圖 169、170）

9.此動作，還含有對付後方敵人摟抱之勢，即先前引鬆開，再以右腿後掃絆，翻身以右肘、左肘接連採擊、以及肘採手劈之勢。

圖 169　　　　　　　　圖 170

二、勁道注疏

此勢技法內涵既豐富又巧妙。

1.先看因敵變化縱橫交錯之勁：

如動作一、二，先外掤、裏裹、前發三段勁；縱向前發遇阻，我即變走橫勁（磨盤肘）；橫肘遇阻，我再變縱向走上撩勁；縱向撩勁遇阻，我再左右橫向捌開。充分體現了欲縱先橫、欲橫先縱的折疊勁。

2.再看周身一家的嚴密的勁力結構：

如動作三、四，右手掤出引進、左手後揚再上翻甩出，一收一放、一放一捲的鞭打勁配合非常協調。再如，動作六翻身走捭法之前，右手上托，左手下插、左腿外彈、左胯擠靠、右腿後掃，周身的槓杆勁、絞截勁、螺旋勁等勁力配合極其合理又巧妙。

三、單式訓練

1.左右磨盤肘；
2.左後掃、右後掃，左右捭法（交替練習）。

第二十八式　掩手肱捶

同前，略。

第二十九式　大六封四閉

與前六封四閉動作基本相同，但要注意其連接動作：

1.右拳裏收下沉時，一定先逆纏向前上掤。欲收先放，欲合先開。防止「抽扯之形」。

2.左右手向左上攦，加下提膝，要同時完成。（圖171）

3.右腿蹬出之前，上盤有一個「橫向開、縱向合」的勁，不可忽略。即右膝再上提，左胯再下沉，雙腕橫

圖171

向掤開，（橫向開，縱向合），再出右腿，右腳落地的同時，雙掌合於耳門之下，揚指塌掌根合住。一定要手腳同時到位。（上合下開）。

第三十式　單　鞭

同前，略。

第三十一式　運　手

一、勁點剖析

6個分解動作，至少含24個勁。

動作一：

1.敵從右前方進擊，我接來力先順勢向右前掤擊接

勁，再向左上方引化，走左上掤。（圖172、173）

　2.敵退我進，我右肩靠。

　3.雙手順勢向右前掤，其中含右肘擊、右手擊其頭部。

　4.左手橫擊（切）其中盤。

　5.右胯靠。（圖174）

動作二：

　1.對應左側之敵，雙手右前上引。（圖175）

　2.上引下進，左腿插、套、蹬。

　3.為加大上引下進之勁，可以震右腳，借地的反作用力，加大上掤下蹬之勁。

動作三：

　1.敵撤，我跟步，左手向左上方捌擊。

圖172

圖173

圖174　　　　　圖175

2.向左挒擊時，先走左肘，再進左手。

3.右手向左走橫切勁擊其胸、肋部。（圖176）

4.含左肩靠勁。

5.含右腳蹬勁（如走背步、併步，則另有含義）。

動作四：

1.上引下進。敵人上盤頂抗，我右手向右上走掤攦，左手向右下引化來力。

2.下盤進左腿，或插或套或蹬，上引下進。

動作五：

基本同動作三，但注意：

1.左手向左上掤挒時，一定先穿掌墜肘，化開敵人按我左肘之勁，使敵勁落空之後，我再穿掌走左

圖176

肘、左手向左前捌擊。

2.右手向左走橫切勁時，一定要把右肘掤開，右手掌根外緣向左發橫切勁；

3.左右手要同時到位。

動作六：同動作四，略。

二、勁道注疏

圖177

1.關於步法。傳統陳氏太極拳運手的步法有3種：一跟步，二插步，三蓋步。

跟步——也叫併步，上盤雙手掤擊時，下盤跟步，先腳掌著地，再頓步，以助雙手發勁及肩胯靠勁（如前述）。

插步——也叫背步、走摔法，摔跤運動中叫「大別子」。（圖177—183）

圖178

圖179

圖 180　　　　　　圖 181

圖 182　　　　　　圖 183

　　蓋步——雙手向左掤捋時，後腿從前腿膝前上步，以蹬擊對方下盤。（圖 176）

　　每一步的步法都要清楚。陳照奎老師曾說：「打拳不是走路，腿腳一動即有用，必須懂步型、步法。」

2.關於手法，要注意左右手的配合，雙手順逆，既要自轉一圈，而且均走弧線，一手走上弧線，一手走下弧線；一手走左上捌，一手走左下橫切，等於雙手上下各走一個圈。一順一逆，一上一下，配合協調。下手向上穿掌時，含肩靠墜肘、坐腕，再走肘走手。

3.手腳上下配合。上捌下進、上引下進，手到腳到，手腳配合非常協調。

4.眼法。以看左前敵人為主，餘光左顧右盼。頭不可左右搖擺。

5.注意鬆胯塌腰。此式拳架不可忽高忽低，防止起伏。

6.注意出步落腳的方位，併步步法，左右保持在一條橫線上進退，蓋步、插步步法，出步則偏前、偏後騎在一條線上進行。

7.注意四肢運行要由胸腰的運化帶動，防止四肢單擺浮擱，要體現丹田帶動四肢的整體勁。

8.此式充分體現了整體折疊技法。動作一，先向右捌再左上引，再向右前發放；動作二，再向右上引（含上引下進），然後再向左發放。左右往復折疊，體現非常鮮明。

9.上述主要是介紹左運手，如走右運手，則方位相反，動作相同。

10.走插步運手時，可以轉身走後運手。方位相反，動作相同。

三、單式訓練

1.左引右發（併步），連發。

2. 右引左發（併步），連發。

3. 背步轉身摔法。（可以左右交替練習）

4. 左運手、右運手，前運手、後運手，可以交替練習。

3 種步法、4 個方位，可以交替練習。

第三十二式　高探馬

一、勁點剖析

5 個分解動作，至少含 18 個勁。

動作一：

1. 雙手向左前掤，接應左前方來敵。其中，左手向左前上掤，右手偏下，可擊其胸部、肋部，形成左掤化、右進擊（橫切勁）。（圖 184）

2. 跟步，可以發左肩、胯靠勁。

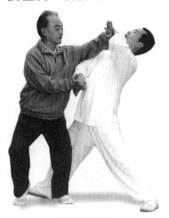

圖 184

動作二：

1. 接應右前方之敵，我上引下進。右手向左前上引進，左手保護自己面部，或進掌擊。（圖185）

2. 下盤，進右腿。或蹬、或套、或插。

動作三：

1. 如係我插襠走靠，右肩靠。

2. 右肘橫擊。

3. 左右手挒、塌。

4. 下盤右胯靠、膝扣，下扣上翻走摔法。

動作四：

1. 迎左前方之敵，左右肘彎裏合，截擊敵抓我雙臂之手。（圖186）

2. 右肘裏合擊其左臂反關節、胸部、肋部。

3. 右腳裏扣、左膝裏合，形成上下合擊。

4. 左肘下沉裏合，雙肘形成合擊，擊其胸部、肋部。

圖185　　　　圖186

動作五：（捊法）

1.左手反拿其左腕，下掛，裏合，引進。

2.右手橫掌前推，擊其左臂、肘、胸、肋，以及左側面部。

3.下盤左腿向左後掃絆，形成上捌下絆的捊法。又是一種「磨盤勁」。（圖187—188）

二、勁道注疏

1.動作一、二，體現此勢的左右逢源勁：先以跟步左前掤，接應左前之敵；再出右步，走肩靠、肘擊、手捌，應付右前之敵。

2.動作三、四、五，又體現「合而後發」、「上捌下絆」之捊法，對應左前之敵。

3.動作二，充分體現此拳引進結合的剛柔相濟整體勁。右手引，左手進；上盤引，下盤進。

圖187

圖188

三、單式訓練

左手裏合（抓拿）、右手外捯、左腳後掃絆。再相反練習。左右交替，反覆練習這種摔法。

第三十三式　右擦腳

一、勁點剖析

6 個分解動作，至少含 16 個勁。

動作一、二、三：（上盤、中盤動作與「懶紮衣」接「六封四閉」動作一、二、三基本相同）。

1. 右手右掤，再將來力引進。

2. 雙腕下沉合，向右前擠出。擠時一定要先走肘，再走雙臂擠勁。

圖 189

3. 走左攦（右肘裏合）。

動作四：

1. 右手先右前上加掤勁，（圖 189）而後左下引進（裏合）。

2. 左手先下沉再左上揚，再向右走上弧，向右前方以掌擊出。

3. 同時，提左膝，以膝擊，再向右蹬出，或插襠。手腳必須同步到位（手擊、腳

蹬）。（圖190、191）

動作五：

1. 雙手合而上掤，右肘擊其肋部、胸部。（圖192、193）

圖190

圖191

圖192

圖193

圖 194

2.右膝前跪,擊其插入我襠部之腿、膝。

動作六:

1.敵撤,右手向前上擊拍其頭部。

2.右腳上踢其襠、腹部。(圖194)

3.左手後襯,以保持自身平衡。

二、勁道注疏

1.從動作四中,充分體悟「上下相隨」、「左右相應」的技法。右手引進與出左手、出左腳,必須同時到位,同步化。形成「一引兩進」、「右引左進」、「上引下進」化打合一的整體勁。

2.動作五,體現手肘上掤、右膝下跪,掤上取下,上下結合勁。

3.右左擦腳,表現似乎以腳踢為主,其實,內涵包括「驚上取下」、「驚下取上」多種手法。手擊上盤,腳踢中、下盤,對方注視上方,則「驚上取下」;他關注下盤,我則「驚下取上」,上下兼顧、手腳合擊並用(如動作六)。

4.注意胸腰運化。踢右腳前,蓄勁下沉時,胸要先向左轉,而眼要看右。

三、單式訓練

左右擦腳,交替練習。

第三十四式 左擦腳

此勢與右擦腳動作相同，方位相反，略。（圖195、
196）

但要注意動作一雙臂手的開合勁：雙手逆纏先加掤勁
（欲合先開），再雙腕交插合。其中，又含右手左引、左
手右擊，右腳外擺橫擊對方下盤。右腳落在左腳右前方，
斜角，不要落在一條直線上。

圖195　　　　　　圖196

第三十五式 轉身左蹬腳

一、勁點剖析

3個分解動作，至少含12個勁。

動作一：類似「高探馬」上盤之動作，下盤不用左腿

腳後掃，而是以左膝橫向擺擊。

1. 左手順纏折腕接應左前敵方之左手，可以反拿之。

2. 右手裏合，配合左手以右掌擊其左手反關節，或以右肘擊其左肋，右手推出，與左手向左捌開同時完成，並保持自身的平衡。

動作二：

1. 左側有敵進擊，左手下沉引進。

2. 右手下沉與左手合於右膝前，蓄勁，準備合力出擊。

3. 含左肩靠。（圖 197）

動作三：

1. 先走左右肘橫向捌擊，下加膝。（圖 198）

2. 再走左拳下勾腕、以拳面橫向偏上擊出，下加腳蹬（以左腳踵橫蹬）。（圖 199）

3. 右拳後襯，以維護自身平衡。

圖 197　　　　　　　　　　圖 198

圖199

二、勁道注疏

1. 時刻注意胸腰的樞紐作用。動作一，周身勁掤開時胸向右轉，合時（蓄勁）胸向左轉。而雙手再下沉合時，含胸塌腰，向左發拳擊腳蹬時，胸則向右轉。眼看左。

2. 獨立步，鍛鍊腿的耐力，很重要。凡獨立步，都要求一沉、二穩、三平衡。左蹬腳時，允許上身略偏右，蹬左腳出左拳時，右拳後襯，以維護自身平衡。

3. 左蹬腳整個過程中，要體會肩、肘、手三節勁的節節運用。先注意左肩靠（雙手裏合下沉時），拳出擊之前，還有一個雙肘橫擊勁，也不可忽略。

4. 要分清擦（踢）腳與蹬腳的區別：擦腳，向上，勁在腳面；蹬腳，橫向發勁，勁在腳踵。

三、單式訓練

左右蹬腳，交替練習。

第三十六式　前蹚拗步

同前，略。

第三十七式　擊地捶

一、勁點剖析

4 個分解動作，至少含 14 個勁。

動作一、二：

與第一前蹚拗步接第二斜行動作、勁路均相同。即：右手先向右前挪、再引進、再向右前挪出，下盤跟步，右胯靠。

動作三：

1. 雙手握拳（抓拿手形），向右攦之前，先有個聚的過程，即蓄勁的過程。收腹、吸氣、鬆胯、提肛，周身聚合，之後再走雙手右攦。

2. 雙手握拳時，提左膝（挑膝擊其中盤）。

3. 左腳蹚出，與雙手右攦，左下右上協調一致，同步到位，勁力對稱。（圖200）

圖 200

動作四：

從接動作三雙手抓攦、下盤進左腿蹬擊其下肢，敵人後撤變招抓我雙臂，我也順勢變勢。

1. 左手向左下採捌其左臂或擊其肋腰。

2. 右手先合肘，以肘彎拿，再下採以拳擊其襠部、以肘擊其胸、腹部。

3. 左手掛捌敵右臂上提，配合右拳下擊，形成斜向分捌，使對方失去平衡。也是一種摔法。（圖201）

圖201

4. 或：當我向右履敵右臂時，敵突變招下沉，我順勢右臂合肘下擊拳，左手上捌，以右肩靠其胸，以右肘擊其腹，以右拳擊其襠部。我右臂捌肘折腕形成「三道彎」，挨到何處何處擊之。（圖202）

圖202

二、勁道注疏

1. 此勢充分體現「逢上必下，逢下必上」的技擊原則。左手下挒，右臂合肘上提拳；左手向左上提挒時，右拳下擊。同時，要求頂勁上領，腰胯下沉，上下結合。從而做到「逢上必下」、「輕沉兼備」。

2. 低勢，仍要保持上身中正。防止彎腰、低頭之病。即便右拳下擊挨地，上身也不能彎。關鍵在於胯要鬆透，同時不可丟頂勁。眼的餘光可以下視，但絕不可低頭。仍是上下對拉拔長之勁。

三、單式訓練

練習左上挒、右下採的整體彈抖勁。可以震腳發勁。左右交替練習。

第三十八式　翻身二起腳

一、勁點剖析

3 個分解動作，至少含 14 個勁。

動作一：

接應身右後之敵，設敵以雙掌按我後背，或摟抱我後腰。

1. 先鬆沉下胯，然後走右肩靠。

2. 挑右肘（如敵從身後摟抱我，我挑肘擊其頭部，胸、肋部）。（圖203）

圖 203

3.轉體 180 度，以右肘、右拳向右後捌擊。

4.左臂、左拳向敵之右側兜擊。（圖 204）

5.右腳後掃、絆（絆擊敵之前足）。（圖 205）

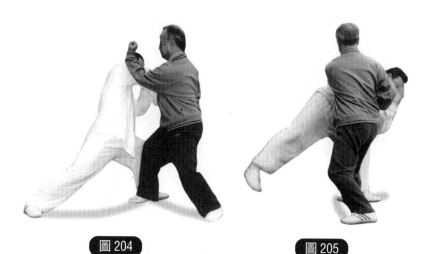

圖 204　　　　　圖 205

動作二：（蓄勢）

1. 開右胸，右拳向右後引化來力。

2. 左拳向前下沉，擊其胸、腹、肋部，形成「右引左擊」。

3. 或左拳引化敵抓按我左手之手，我邊引化邊蓄勁，準備「上引下進」，接下一動作進腿。（圖206）

動作三：

1. 左手下沉再向左後揚起，引化來力。（圖207）

2. 上引下進踢左腳。

3. 當敵方避開我左腳踢勢，我迅速踢右腳、擊右掌，上下向前合擊。（圖208）

4. 或：敵用掃蹚腿，擊絆我下盤，我雙腳跳躍騰空，避開其下盤掃絆勁，同時，我手腳向其上部進擊。

圖206

圖207

圖208

二、勁道注疏

1. 從此勢體悟此拳一式多用之奧妙。敵人從身後推按，我則以轉體、捌肘、掃絆，體現以橫破直；如敵人從身後摟抱，我則以整體螺旋勁，破其合力。

2. 體悟「左引右進、右引左進、下引上進、上引下進」之術。轉過身來，先是右手引、左拳擊；然後，是左手左後上揚引進，左腳下進；同時，左腳尚未下落時，左手左後上引，右手右腳向前進擊。上下左右配合協調。

三、單式訓練

1. 雙腿腳左右交替上踢彈跳，如動作三。

2. 練習手腳合擊勁，以腳去踢手為主，不要以手去搆腳。強調練習腳的上踢力量。

第三十九式　護心拳

又名獸頭式、打虎式。

一、勁點剖析

5 個分解動作，至少含 18 個勁。

動作一：迎左側之敵。

1.雙手下沉、左掤，接應左側來敵之手臂。

2.雙手走右上攦。（圖 209）

3.左腳向左側蹬擊敵下盤，或插、或套。

動作二：

1. 敵不得勢，欲後撤，我即順勢向左前掤出。（圖 210）

2.同時，右腳跟步，走左胯靠勁。

圖 209

圖 210

動作三：

1. 敵變招抓我左右臂，我雙臂加大掤勁。（圖211、212）

2. 下盤提右膝，向右前方進右腿或蹬或插或套。

3. 借對方雙手按我雙臂之力，我雙肘突然下沉裏合再以右肘進擊其胸、肋部。（圖213、214）

圖211　　　　圖212

圖213　　　　圖214

動作四：

1. 敵阻擋我右肘進擊，我變招，順勢右肘向右下沉，引進。

2. 同時，我左拳、左肘向右裏合，以肘橫擊，配合右臂右拳下沉，走向右側發勁的摔法。

動作五：

1. 敵不得勢欲撤，我左手反拿敵左腕，右手管其左臂肘反關節，我左拳向裏上、右拳向前下，發絞截勁（可以震腳發勁）。

2. 左拳裏上勾，右拳右肘前下砸，右膝裏扣，也可以走摔法。（圖 215—217）

3. 左右拳斜向捌開時，注意開右胸（為了加大合勁）。

圖 215

圖 216

圖 217

二、勁道注疏

1. 從動作一、二中體悟順勢借力打回勁的技巧。

2. 體驗左手裏上兜，右拳前下擊這種「正反相生」的絞截勁。

3. 從中仔細體悟「因敵變化示神奇」快慢相間、化打結合的技法。

三、單式訓練

1. 上步大攦，退步大攦。

2. 雙臂絞截勁的練習，可以震腳發勁。

第四十式　旋風腳

一、勁點剖析

6 個分解動作，至少含 22 個勁。

動作一：

1. 接上勢敵從我左側以右手進擊。我雙手左掤，接應來力。

2. 順來力走右上攦。（圖 218）

3. 接應右側之敵的左手，順勢走左下攦。（圖 219、220）

動作二：

1. 敵勁欲上升，我雙手順勢變左上攦。

圖 218

圖 219

圖 220

2.下部提右膝，擊其襠部、腹部。（圖 221）

動作三：

1.敵右手進擊，我右手先外掤接應，再引進。

2.「右引左進」，當我右手引進時，左手上揚，走上弧向右進擊。

3.右腳向右外擺，蹬、插、套，形成「上引下進」之勢。

動作四：

1.雙臂向右加掤勁，胸腰右轉（欲左摔先右撐）。

2.掤中含擠勁。

3.如我右手反拿其右腕，以左臂橫擊其右肘反關節。（圖 222）

動作五：

1.走摔法。左手向左外捌，左腿裏勾，形成上捌下勾絆的剪刀勁。（圖 223、224）

圖 221

圖 222

圖 223　　　　　　　圖 224

2. 同時，右手走橫挒勁，可以擊其咽喉、胸肋部。並與左手形成對稱，以維護自身平衡。

動作六：

1. 轉過身來，雙手先加掤勁（欲合先開），再裏合，形成十字手。

2. 下盤左膝再上提、鬆胯（含膝擊），然後左腳再蹬出、落地，形成馬步。上合（手）與下開（步）要同時完成，同步到位。

二、勁道注疏

1. 體悟此勢上下、左右的絞絆勁，又稱「剪刀勁」、「磨盤勁」，（俗稱：「小鬼推磨」）；

2. 注意左腳，裏合時，一定要腳尖裏勾、左手外挒，形成剪刀勁。左腳不可上踢、左手不可下拍。而是在螺旋之中左腳裏勾左手外挒勁；

3.體悟以上4式（擊地捶、翻身二起腳、護心拳、旋風腳）編排的科學、細膩、巧妙、實用價值及其趣味性。此4式，一西一東、一南一北、一前一後、一下一上、一左一右，四面八方，上上下下，從多方面應付來敵的多種引進方式，化打兼用，四面接應，運用自如，可謂巧妙之極，可見先輩創編此拳時用心之良苦。也可以看出傳統拳之珍貴價值。

三、單式訓練

練習上盤手外捌、下盤腳裏勾的剪刀勁，可以左右交替練習。

第四十一式　右蹬腳

與左蹬腳方位相反，動作相同。（圖225—228）

圖225

圖226

圖 227

圖 228

第四十二式　海底翻花

一、勁點剖析

2 個分解動作，至少含 10 個勁。

動作一：（接右蹬腳）

1. 蓄式。雙手及右腳鬆沉收回。全身聚，收腹、吸氣、鬆胯、提肛，雙拳收於腹前；右膝裏合，以護襠。

2. 雙手裏合，而雙肘必須掤開（合中含開）；肘膝相合（開中有合）。

動作二：對付右側來力。

1.胸腰左轉變右轉，以右膝外擺，橫向撞擊敵人中盤。

2.右手接應敵右手來力，先走右肘向上翻、再橫捯下採。

3.左手配合右手，揚拳合肘，向右側兜擊，可擊打其右臂反關節。

4.雙手（拳）以力偶勁向右捯採，可走摔法。

5.雙拳向右側弧形上翻下採，也可以雙拳向右發捯擊之勁。

6.定式時，右膝再上提、左胯下沉，右拳、左肘下沉，形成上下對稱勁，以維護自身穩定平衡。（圖229、230）

二、勁道注疏

1.動作一，體現欲右先左、欲開先合、欲發先蓄、欲向右上翻先向左下沉的「合而後發」之勢。

圖 229　　　　

2.右臂向右捌採，左臂走兜法時，雙拳必須皆走上弧線，如波浪翻滾之勢。所謂「海底翻花」者也。

3.向右轉身時，右臂一定要充分體現肩、肘、手（拳）三節勁的節節運用。定勢，雙臂一定掤圓。

三、單式訓練

可按二路拳之「煞腰壓肘拳」的練法，雙拳先向左側下沉、裏合，再突然向右側掄拳走肘、走拳跳躍發勁。或按獨立步，加上左沉右提膝。左右交替練習。

第四十三式　掩手肱捶

同前，略。

第四十四式　小擒打

一、勁點剖析

5 個分解動作，至少含 16 個勁。

動作一：

1.接掩手肱捶，敵人以右手擋我右拳，或向我胸部進擊，我雙臂斜向掤開，以右手掤捌其右臂。

2.以左手腕背捌擊其腹部。（圖 231）

3.右手再反拿其右腕，下沉上翻。

4.左手滾纏上翻下扣，合住其右肘反關節。

5.下盤提右膝，以右膝擊其胸、腹部。（圖 232）

圖 231　　　　　　　　　圖 232

6.上右步，蹬、插、套，上合下開同時完成。（圖 233）

動作二：

1.胸向右轉，左手右肘合勁擠、掤。

2.以左肘擊其右肋部，或右臂反關節。（圖 234）

圖 233　　　　　　　　　圖 234

圖235

圖236

圖237

動作三：敵勢背，欲撤時，我為下動作。

1.我繼續向右轉，右手加大掤捯勁。

2.提左膝擊其中盤，並準備下蹬其欲撤之腿。（圖235）

3.左手趁勢向其肋部、腹部橫下切，左腳斜向左前蹬出，手切腳蹬同時到位。（圖236）

動作四：

1.敵人以右手阻擋我左下橫切之手，我左手先下沉，再向左前上穿掌，再向右上引進。（圖237）

2.左肘裏合（含肘彎擒拿之勁），準備反擊。

3.右手向右後履，再下沉按，準備反擊。（圖 238）

動作五：

趁我將敵人向右上引進或擒拿，敵失勢，其胸、腹部空開之機，我為下動作。

1.我胸腰快速左轉，乘勢速以雙掌推擊其胸、腹部。雙手要走下塌外碾勁，即走下弧線，含前下按、前上搓的勁。（圖 239）

2.我右足可以跟半步頓步發勁，以助雙手推進之力。

圖 238　　　　　圖 239

二、勁道注疏

此勢 5 個動作中，充分體現了傳統拳的折疊勁運用之妙。例如：動作一先是右上左下斜向挒開，又變左上右下（加提膝），出右步；又變上合下開，出左步。動作四、五，左進變右引，雙手又變右沉左進，等等，都是「無往

不復」的折疊勁。而且雙手動作往復均走圓弧線。

三、單式訓練

練習雙手上掤下切勁，再雙手先右上攞引，再向左前下發下塌外碾的折疊勁。左右反覆練習。

第四十五式　抱頭推山

一、勁點剖析

4 個分解動作，至少含 18 個勁。

動作一：

接上勢，當我雙手下塌前搓、推擊敵胸部時，敵雙手按我雙肘，以阻止我進擊。（圖 240）

1. 我左肘趁勢下沉裏合，同時以左肘為軸，左拳向左

圖 240

前上撇擊（即中節引，梢節發）。（圖241）

2. 右拳臂向右外捋開，化開其左手，同時開右胸準備以右拳反擊。

3. 敵阻擋我左拳進擊，左拳收回，趁機右拳從左臂下進擊對方腹部、襠部。（圖242）

圖241

圖242

動作二：

設另一敵人從我身後推按或摟抱進擊。

1. 我先鬆胯塌腰，身體略下沉，以引化背後推按之力。（圖243、244）

圖 243

圖 244

2.我向前下引化，從而使背後之敵一時失控、前傾。我快速 180 度向右後轉體，以右肩靠、右肘擊、雙拳迎擊。

3.同時，轉身時以右腳向右後掃絆。（圖 245～247）

圖 245

圖 246　　　　　　　　　圖 247

動作三：

設轉過身來，敵人抓我雙手腕，防我進擊。（圖 248）

1. 我雙手變順纏，先向左上引化。（圖 249）

2. 敵抓我雙手之勁落空，敵又變換手法，又按我雙

圖 248　　　　　　　　　圖 249

圖250

肘，我雙肘加大掤勁，橫向掤開，同時趁敵中盤空開，我提左膝擊其腹部、胸部。（圖250）

動作四：

1. 左腳蓋步前蹬擊敵下盤，或插、套。

2. 我再上右腿蹬、插、套。

3. 此時如敵人抓我雙肘，我可以雙肘彎拿截敵人雙手，同時開胸、合掌、挑肘擊其肋部。（圖251）

4. 然後，雙手迅速下沉，走下弧線，向前推其胸部（含前下推、前上搓）。（圖252）

5. 如下盤我右腿前蹬時，套在其左腿外側，可以走手推、膝扣、腳絆的摔法。

圖251　　　　　　　　　圖252

二、勁道注疏

1. 此勢體現此拳「打前防後」的技法。而且體現「欲後先前」之胸腰折疊勁。

2. 動作一的一開一合之中，又體現三節勁化打交替運用之法。肘引拳進，左拳引右拳進。

3. 動作二、三，又體現左引右進，上掤下絆、上引下進、左上引右肩靠等多種招數變化，豐富多彩。

4. 還要注意肘部兩用之術。如動作四挑肘時，既可以用肘彎裏合拿對方之手，又可以以肘尖向外擊打。

三、單式訓練

上掤下提膝，變上合下開：即上部手合時下盤開，提膝出步，手到腳到。後腳跟步頓步發勁。可以左右反覆練習。

第四十六式　第二三換掌

一、勁點剖析

3 個分解動作，至少含 13 個勁。

動作一、二：上盤手法與第一三換掌相同。惟下盤係定步。關鍵在於胸腰運化及腿部的虛實倒換。手上的勁一定靠蹬腳和胸腰運化而發出。（圖 253～255）

動作三：

1. 當我左手掤出時，被敵人抓住，施按勁。我左手下沉引化，同時右手配合左手也下沉。（圖 256）

圖 253

圖 254

圖 255

圖 256

2.當敵人抓我左手之左手被引化之際，我左手迅速反拿其左手腕。

3.我右手管住其左肘（反關節），快速上翻發勁。可以震腳發勁，將敵人彈出。（圖257）

圖257

二、勁道注疏

陳照奎講：「合而後發」，「誰能合誰能贏」，這個「合」在此勢中則是一手管腕，一手管肘（反關節），為常用之拿法。應注意體悟。

三、單式訓練

除原三換掌練發雙手絞截勁之外，可以練習雙腕先下沉引進，再向前發放反拿之勁，可以練習躍步、震腳發勁。

第四十七式　六封四閉

同前，略。

第四十八式　單　鞭

同前，略。

第四十九式　前招、後招

一、勁點剖析

4 個分解動作，至少含 19 個勁。

動作一：

右側之敵雙手推按我右臂手時，我為下動作。

1. 我先右掤接來力，再左上攦引，並加右肩靠。（圖258、259）

圖258

圖259

2.敵欲撤，我速打回勁，雙掌向右前方掤擊，跟步，走右胯靠。（圖260、261）

圖260

圖261

動作二：

左側之敵上右步，雙掌向我左側進擊時，我為下動作。

1.我上引下進。雙手先順來力向右前方引進。

2.同時左腳向左後出步，套在敵人右腿後側。（圖262、263）

動作三：

1.再加大右上引、左下進之勢，可以震腳加勁（含上盤再掤引，下盤左腳發勁。）

2.同時，左腳裏扣，以備施絆勁。

3.敵不得勁，欲退，我趁勢雙手向左發勁：上盤含左肩靠、肘擊、手捌；下盤含左腳裏扣絆，右腳前掃擊其前腿，形成上下合擊之勢。（圖264）

圖262

圖263

圖264

動作四：

1. 右側之敵趁我左發之時，又從前方進擊我胸部。我速以右手接應上掤、左手下沉走向右的橫切勁，右手擊其上盤，左手橫擊其胸腹部。

2.重心前移，以右膝走彈擊勁，擊敵之前腿膝關節。形成上中下三盤並取之勢。

3.發勁方向基本向正西，右手、左手掌根及前膝，上中下勁點基本在一條垂直線上。（圖265）

圖265

二、勁道注疏

上述是對付三個方向的來敵。如對付一個人，交手時則體現「聲東擊西」的左右折疊勁。推手訓練中可以運用此技。二人搭手之後：

動作一：我先左引右進，向右前方發放。

動作二、三：向右發勁遇阻力，我正好借勁向左發放。

動作四：左側遇到頂勁，我速向前方發勁。

連接起來，右、左、前一波三折的折疊勁，拳勢安排非常巧妙。（有人把此勢分為兩個拳勢，則失去右、左、前一波三折、一氣呵成的連貫性。）

三、單式訓練

將左引右發、右引左發、左引前發3個折疊勁連貫起來，練習以腰勁為中樞，發放鬆活彈抖之勁。

第五十式　野馬分鬃

一、勁點剖析

6 個分解動作，至少含 22 個勁。

動作一：

接上勢，當我向正前方掤擊敵人右臂時，敵人變招，上左步，以左手進擊我胸腹部時，我為下動作。

1. 我左手下沉再上升（走上弧線）接應敵左手，向左上方引進。

2. 我右手下沉，從敵左腋下穿、上挑、外捌。

3. 提右膝上右步，套在敵人左腿外側。

4. 走右肩靠（塞靠）。

5. 右膝裏扣（上翻下扣，走摔法）。

6. 同時，開左胸，以胸靠擊其左臂肘反關節。（圖266）

動作二：

接上勢，我剛將前方來敵以下扣上翻招法摔出，另一敵人從右前方進擊時，我為下動作。

圖266

1.我雙手向右側上方接應來力，先走右掤再變左上擺。

2.右肘裏合。

動作三：敵欲撤時，我為下動作。

1.我速向右轉 180 度，隨勢走右肩靠、右肘擊、雙手向右橫擊其胸肋部。

2.提左膝擊其中盤。

3.左手下沉，擊其腹部、襠部。

動作四：

1.上左步，套在敵右腿外側。

2.左手插入敵右腋下，上挑、外捌。

3.右手向右下沉採捌敵人右臂。

4.開右胸，靠擊其右臂反關節。

5.左右手斜向捌、左膝裏扣、右胸靠、左膝裏扣，形成向左側的摔法（與動作一動作相反而勁力相同）。（圖267）

動作五、六：前方敵人變招，又以右拳擊來時，我為下動作。

1.我雙手先前掤、接應來力。

2.走右上擺，化解敵之來力，敵必前傾欲撤。（圖268）

3.我順勢下沉，雙手速向左發橫捌勁，擊其

圖267

圖 268

胸、肋、腹部；或左腿裏扣走摔法。我右手可以反拿其前
（右）手，順勢發放。（圖 269、270）

圖 269

圖 270

二、勁道注疏

1. 從此勢中體悟整體勁力結構，以向左挑挒為例：即左手下插、前上挑、托、挒，與右手後下採、挒，雙手形成斜向分挒勁；同時，前腿裏扣，前手外挒，右胸走胸靠，形成一種下扣上翻的摔法；同時，左手挑挒之中又含左肩靠，下盤前腿弓彈，有形成一種向前的發放勁。（與右手挑挒，相反相同）。

2. 此勢從總體觀察，又是一種左右、前後的兩組折疊勁：左掤右挑挒、右掤左挑挒；動作五、六，又是一組前掤後攦，後塌前發的折疊勁。

3. 此勢既要注意意氣力的內三合，又要注意上肢下肢的外三合。此勢定勢時的肘膝合、肩胯合、手腳合（後手則係手膝合），都要做到。從中仔細體悟太極拳的整體勁。

三、單式訓練

練習發放左右挑挒的槓杆勁。挑挒時，可以震腳發勁。從中體悟左發右塌、右發左塌的對稱勁。

第五十一式　大六封四閉

與前第 29 式大六封四閉大體相同。只是連接動作中加一個左前掤、右下攦、再向左上發的往復折疊勁。（圖271～273）

圖 271

圖 272　　　　　　圖 273

第五十二式　單　鞭

同前，略。

第五十三式　雙震腳

一、勁點剖析

4個分解動作，至少含 10 個勁。

動作一：先應對左側之敵

1.先向左側加掤勁，接應來力，再向右上攦使來力落空。

2.趁敵前傾失去平衡、欲撤之機，我雙手下沉，加按勁。

3.向左前發放（類似第一單鞭接第二金剛搗碓動作一）。

動作二、三：我身右後有敵施推按勁進攻時，我為下動作。

1.我轉體前，先略鬆胯下塌，欲向右後轉體，先向左前下沉，是引化勁，使來力落空，也是一種蓄勢。

2.速轉體，右肘後擊，右手接應敵右手，力求反拿其右腕。

3.左手上揚，走上弧線，隨轉體手下扣，合擊其右肘反關節或擊其上盤。（圖274）

4.右腳隨轉體向右後掃絆。

圖274

動作四：

1.敵下沉，力求解脫，我順勢下按。（圖275）

2.敵下沉未能解脫，力求上升，我再順勢上托，為加大托勁，可以跳躍騰空。（圖276）

3.敵再次下墜，我速由上托變下拍擊。可震腳發勁。（圖277）

圖275

圖276

圖277

二、勁道注疏

1. 從動作二、三、四中，體悟此勢下、上、下 3 次折疊勁。可與前招後招一式的左、右、前 3 次折疊相呼應。從中可以看出創編此拳者用心之精到。（前者為左右折疊，此勢為上下折疊。）

2. 從此勢中，還可以體悟到此拳處處體現「隨屈就伸」、「順勢借力」、「借力打力」的技法特徵。

三、單式訓練

練習煞腰下按，再雙腳騰空雙手上托、再順勢下拍（按）的上下折疊勁。

第五十四式　玉女穿梭

一、勁點剖析

5 個分解動作，至少含 16 個勁。

動作一：此勢含對付一個人或多人多種用法，先按應付一個人剖析。

1. 敵以雙掌推擊我胸部，我以「橫破直」的技法，雙掌橫向掤開來力，再合之。

2. 再上托。

3. 下盤提膝擊其襠、腹部，上托下加膝。（圖 278）

動作二：

1. 敵人變招抓我雙肘，其右手勁大。

圖 278

圖 279

圖 280

圖 281

2. 我左手肘裏合引進，右掌捌擊其胸部，雙手一引一進，開左胸，加大分捌勁。（圖 279、280）

3. 膝部再上提，加大撞擊其襠腹的撞擊力。

動作三：

1. 敵以右手迎擊我捌出之右手，我順勢右手收回，並力求反拿其腕。

2. 同時，左手橫捌出擊，擊其右肘反關節，或擊其面部。（圖 281）

3. 同時，上右步蹬、插均可，形成上下一引兩進：右手引，左手進、右腿進，使對方防不勝防。

動作四：

1. 敵人以左手擋按我進攻之左手，我左手順勢下沉採

捌。

2.同時，右手穿掌擊其頭部（圖282）。

3.同時，上左步蹬、踢、插、套均可。

動作五：

1.我順勢轉體，右手肘向右後橫捌（或對付身後進擊之敵）。

2.左手繼續下採其右手。

3.右腿後掃絆，（左腿已前插）形成右手後捌、左下採、右腳絆的摔法。（動作三轉身135度，動作五再轉180度，共躍步旋轉315度）（圖283、284）

二、勁道注疏

1.上面勁點剖析，係按對付一

圖 282

圖 283

圖 284

個敵人，如係被眾人包圍，我擬衝出重圍。則技擊含義為：手腳併用，手推、腳踢、肩靠、胯打，穿掌捌擊，靠螺旋化打結合的進擊力，衝出重圍。二、三、四三個動作，均採取快速動作。

2. 從中體悟此拳一勢多用之奧妙。可聯繫「前招、後招」一勢，可以對付 3 人，也可以對付一人，用法各有其妙。

3. 進一步體悟此拳一身處處皆有用，「挨到何處何處擊」之奧妙。從此勢中，可以體會到手腳並用，肩、胯、肘、膝併用，以及手法上的順逆變化進退螺旋的妙用，都值得我們仔細體悟。

三、單式訓練

1. 可先練習此勢的分節慢練，弄清周身各個環節的運用。

2. 再練習快速螺旋轉體躍躍穿擊的功法。

第五十五式　懶紮衣

第五十六式　六封四閉

第五十七式　單　鞭

第五十八式　運　手

以上 4 式均同前，略。

第五十九式 雙擺蓮（擺腳）

一、勁點剖析

4 個分解動作，至少含 12 個勁。

動作一：雙手向左前掤，右腳跟步，走左胯靠，以迎接左前方來敵。

動作二：

1. 接來力順勢右上攦。（圖 285）

2. 下盤進左腳，蹬或套。

動作三：

1. 雙手向右後下採攦，含左肩靠。

2. 重心前移，準備提右膝進擊。（圖 286）

動作四：

1. 當敵人被採攦身前傾，欲後撤時，我雙手繼續加大後攦之勁。

圖 285　　　　　圖 286

圖 287　　　　　　　　圖 288

2.提右膝擊其中盤。

3.然後，右腳從敵身右側踢進，準備向右外擺。（圖287、288）

4.趁敵不得勁欲撤之機，我雙手突變右擺為左挒，右腳由左前踢變右外擺，上下形成「剪刀勁」將敵人摔出。（圖289）

二、勁道注疏

1.從此勢中細心體悟「緊要處全在胸中腰間運化」的拳理。四肢的運作，全靠胸腰左、右、左的螺旋折疊中體現。

2.同時，從中體悟雙手前掤、後擺、下採、左挒，4次折疊，連起來則是走左前下弧、變右上弧、再下

圖 289

沉、再走左前弧捌擊，形成一個圓圈。

3. 另外，從此勢中細心體悟「剪刀勁」的形成和運用。也叫上下絞截勁，單手或雙手向左走下弧線，而下盤腿腳則向右走上弧線，上下形成剪刀式的合擊勁。

三、單式訓練

左右反覆練習手腳反向相合的「剪刀勁」。

第六十式　跌岔（跌叉）

一、勁點剖析

2 個分解動作，至少含 10 個勁。

動作一：接上勢，左側有敵人掤按我的雙手時，我為下動作。

1. 我身略左轉，左手走上弧裏合引進來力。

2. 同時，我右手握拳從右下向左上兜擊敵人胸部、肋部。（圖 290）

3. 右膝上提撞擊其襠部、腹部。同時，鬆胯塌腰，也是一個為下個動作做準備的蓄勢。

動作二：敵人猛力加大對我雙臂的按勁時，我為下動作。

圖 290

1.我不得已變招，力求敗中取勝，順勢身體下沉，右腳震腳。

2.左腳迅速向敵下盤蹬擊。

3.左拳趁勢向敵胸、腹部、襠部擊去。

4.右拳向右上掤捌，引化敵人抓我之右臂，以求空開其中盤，以利我左拳進擊之勢。（圖291、292）

5.同時，左肩隨左腿前下蹬出、左拳前下擊，走「穿肩靠」（即以左肩靠擊其中盤）。

圖291

圖292

二、勁道注疏

1. 從此勢中體悟：隨機應變、順勢借力、高度靈活、敗中取勝的靈機多變的技法。鍛鍊大腦之快速反應、「因敵變化示神奇」的功能。

2. 從中還可以體悟「上化下打」的招法。兩臂以分捌勁掤化上盤來力，下盤則以蹬腳、跌岔的分捌勁，進擊敵人下盤及根節。

3. 從中還可以體悟「敗中取勝」、「失勢中求得勢」的智能。上盤敵人壓力迅猛，我則速從不得已而下跌失勢中，迅速尋找避實擊虛「敗中取勝」的有利環節——即在不得已而下沉的劣勢之中，看準敵人下盤的薄弱環節，破壞其根節。以左腳踢蹬，左拳下擊其襠胯及腿部，使敵人顧上失下，失去平衡，從而使他由優勢變為劣勢，以求我「敗中取勝」。

4. 跌岔定式，兩拳係開中寓合，拳心斜相對，兩臂斜向掤圓。（顧本《陳式太極拳》一書繪圖右拳心上翻。陳照奎老師說：「是周元龍畫錯了，應該是拳心相對」。）

三、單式訓練

練習跌岔、出步、下沖拳，變上沖拳、並能迅速騰空而起的彈跳力。左右腿交替練習。

第六十一式　金雞獨立（左右金雞獨立）

一、勁點剖析

5 個分解動作，至少含 15 個勁。

動作一：

1. 接跌岔，迎前方來力。左拳先走前上沖拳勁，再走「迎門肘」。（圖 293、294）

2. 前腳跟與右腳跟的撐勁、襠部的撐勁，形成對稱的上撐勁。

圖 293

圖 294

　　3.右拳先下沉走下弧，再隨身上升，右腳跟步，右拳上提，在左拳裏偏下，蓄勁備用。（圖295、296）

　　4.雙拳下沉變掌，走上下分捌勁，右掌向上托擊敵下顎，左掌採捌其右臂。（圖297）

　　5.右膝上提，擊其襠腹部。（圖298）

圖 295

圖 296

圖 297

圖 298

6.左胯下沉，以維護自身平衡。

動作二：另一敵趁我身上縱，向我下盤進擊時，我為下動作。

1.我快速下沉，雙掌先下按，再走上下捌勁，同時躍步雙掌再向下拍擊（上下折疊勁）。（圖299）

2.震腳，加大雙掌拍擊力量。

動作三：前面之敵被擊倒，身右側有敵進攻時，我為下動作。

我雙手接應右方來力，雙手走左上攦右腳向右側敵人下盤蹬擊，形成上引下進之勢。（圖300、301）

圖299

圖300

圖301

動作四：再迎左前之敵。

1.接應左側之敵偏下之來力，我雙手走右下攦。（圖302）

2.左肘裏合（敵不得勁，欲上起）。

動作五：

1.我左手墜肘旋腕托擊敵下顎。

2.右手下採挒敵之左手。

3.下部提左膝，挑擊其襠腹部。（圖303）

圖302　　　　　　　圖303

二、勁道注疏

1.從此勢體悟「隨高就低」、「隨屈就伸」的技法。身法上的上下折疊勁。同時，擊上防下，擊下防上，上下結合。如動作一之上下分挒勁，動作二、三、四身法的忽上忽下的上下折疊勁。

2. 此勢大部分動作皆為單腳支撐，從中體會對下盤耐力的鍛鍊，手上托可以慢一些，從而加大腿部支撐耐力的鍛鍊。同時注意「逢上必下」、「輕沉兼備」的要領的體現：手上托、膝上提，另一側則要求胯放鬆、重心下沉，以求重心更加穩定。從中可以看出此拳處處都要講「陰陽對稱」、「陰陽相濟」的哲理，從中鍛鍊身體的動態平衡功能。

三、單式訓練

練習單腿支撐、一側膝上提，一側胯下沉；上肢則是一手上托、一手下採的分捌勁。可以慢練，加大單腿支撐的耐力鍛鍊，左右交替練習。

第六十二式　倒捲肱（圖 304）

圖 304

第六十三式　退步壓肘

第六十四式　中　盤

第六十五式　白鶴亮翅

第六十六式　斜行拗步

第六十七式　閃通背

第六十八式　掩手肱拳

第六十九式　大六封四閉

第七十式　單　鞭

第七十一式　運　手

第七十二式　高探馬

以上均同前，略。

第七十三式　十字擺腳

一、勁點剖析

6 個分解動作，至少含 22 個勁。

動作一：接高探馬，設敵人從右側，推拿我右手臂時，我為下動作。

1. 欲引先掤（欲要先給），右臂先向右上掤，再下沉向左下引進，裏合。

2. 左手自左下而右上走上弧，略上揚，趁機進擊對方之面部或胸部（右引左進）。

3. 左手扣在右肘彎上，可以拿扣敵肘、手，也可以準備變擠。（圖 305）

圖 305

動作二：

1. 我雙手肘合力向右掤擠。（圖306）

2. 或我右手反拿敵右腕，向右外掤擊。

3. 我左肘擊其右肋，或擊其右肘之反關節。

動作三：

1. 我左右手斜向捯開，右手向右上領引敵右手。

2. 左手向左下切擊其肋部、腹部、襠部。（圖307）

3. 同時，我左腳提起，膝可以擊其中盤，腳向左前下蹬、套。手、腳要同時到位。

動作四：右側有敵推按我右臂手時，我為下動作。

圖306

圖307

1.我胸腰下沉右轉，右手順勢下沉左引。

2.左手上揚向右側之敵上盤拍擊。（圖308、309）

3.此時，敵人變招，雙手將我雙手絞截合住，施加裏合、下壓的擠按勁。

4.我走「十字靠」（主要是右肩靠）。（圖310）

圖 308

圖 309　　　　圖 310

圖 311　　　　　　　圖 312

動作五：

1. 敵避我右肩靠，合勁略鬆。

2. 我先提右膝，擊其中盤，再將腳悄悄插入其身右側。

圖 313

3. 右腳向右外擺，左手向左橫捌，上下形成剪刀勁，手腳配合走摔法。（圖 311、312）

動作六：同海底翻花之勁。

1. 右手接應敵右臂手，先走肘、再走右下採捌。

2. 左手裏合上兜，左肘裏合，擊其右肘反關節。下接指襠捶動作一，等於將敵人向右後側摔出。（圖 313）

二、勁道注疏

從此勢幾層變化中，可以體現胸腰的左右螺旋折疊，以及此拳化打結合、背中取勝的技擊特徵，動作一、二、三，充分體現順應來勁一化一打的技法。動作四、五，又體現當我處於背勢時（敵人以兇猛之力將我雙臂合住，我上肢已無能為力），我如何運用身法，走肩靠，走提膝、擺腳，上下配合，以求背中取順、敗中取勝的技法。

三、單式訓練

左右練習十字擺腳上下絞截的「剪刀勁」。

第七十四式　指襠捶

一、勁點剖析

3個分解動作，至少含22個勁。

動作一：

接上勢，設敵人出右拳向我胸部擊來時，我為下動作。

1.我胸右轉，右手接應其右拳，震腳，走右下採挒引化勁。

2.左肘裏合，向右橫擊、再下採其右肘反關節。（圖314）

圖314

3. 雙手發向右下採攦勁。（圖 315、316）

4. 同時，左腳乘勢向左前下蹬其根節，或插其襠內、套其右腿外側。

動作二：

1. 右引、左發。當我向右下走採攦勁時，敵欲撤，我欲左發先右引，再順勢向左前發放（橫捌勁）。

2. 敵調整身法，再次向我下盤進攻，我再接應來力，趁勢下沉，先向左前掤，再走右下攦，使來力落空。

圖 315

圖 316

3. 我雙拳迅速向左上掄起，向其上盤進擊。（圖 317）

4.同時，我雙拳向左上發勁時，含左肩靠、左肘擊、雙拳擊。

動作三：

1. 敵變招，雙手抓住我雙腕，我先加大掤勁。（圖 318）

圖 317

圖 318

2.敵施加我右臂的力量偏大，我右手引進（圖319），左拳左肘向右進擊。（圖320）

3.敵捌我左拳，我收引左拳，右拳再從左臂下，撩擊其襠部（類似掩手肱拳的發勁，故此勢又稱「下掩手捶」），自下而上撩擊。（圖321、322）

4.可以震腳發勁。

圖319

圖320

圖321

圖 322

二、勁道注疏

1.此勢充分體現了前後、上下、左右反覆折疊勁。動作一，是欲前先後的前後折疊；動作二，欲左上先右下，走右下擺，再左上發；動作三，右拳引左拳發，左拳引右拳發，化打交替，巧妙之極。

2.最後發放指襠捶勁時，要注意胸腰運化，注意沉肩、撐胯、胸腰的立體螺旋勁，樞紐旋轉中發放的暴發力，反射到右拳的撩擊中，表現為鬆活彈抖。

三、單式訓練

1.左右反覆練習一引一發的折疊勁（如動作一、二）。
2.左右反覆練習一開一合的撩擊勁（如動作三）。

第七十五式　白猿獻果

一、勁點剖析

2 個分解動作，至少含 8 個勁。

動作一：

1. 接指襠捶。我右拳被敵人右手阻截，我趁勢反拿敵右腕，上提引進。

2. 當我引進敵右手時，其右肘反關節亮出，我迅速以左肘裏合擊打其右肘反關節；或以左肘擊其右肋、右背。（圖 323）

3. 我向右上引進敵右肘腕時，一定要墜肘，護我右肋。（圖 324）

圖 323

圖 324

動作二：

1.敵人不得勢欲撤退，我順勢右拳裏折腕自上而下，再自下而上（走弧線），兜擊其襠部、腹部、肋部。

2.如我左手抓拿其進擊的左手腕，右拳上提時，還可以擊其左肘反關節。

3.同時，隨右拳上提，提右膝，挑擊其左胯，或襠、腹部。（圖 325）

4.右拳上提時，一定走順纏螺旋勁，以便加大黏隨勁，以體現「挨到何處何處擊」的技法特徵。

圖 325

二、勁道注疏

此勢古名「青龍出水」，含自下而上走弧形兜擊、向左上的沖擊勁。運作中，還體現引其梢節（右手），打其

中節（以左肘擊其右肘反關節）。同時，此勢還體現「隨屈就伸」自下而上的順勢反擊勁。

第七十六式　六封四閉

此式基本與前六封四閉同。因上肢動作小、圈小，雙手隨出步即合手於胸前。故又稱「小六封四閉」。

其獨特的技擊含義，即當我右拳上沖時，被敵抓住、推按，我即順勢裏收，手腕走逆纏下塌外碾勁，邊解脫，邊進擊。

第七十七式　單　鞭

同前，略。

第七十八式　雀地龍

又名「鋪地錦」、「鋪地雞」。

一、勁點剖析

2 個分解動作，至少含 7 個勁。

動作一：

1. 接應對方來力，先走左前掤，再走右上攦，雙手握拳，成抓拿手形。（圖 326）

2. 敵欲撤，我順勢右手反拿其右腕，下沉裏合上兜。

3. 趁勢我左手下扣合住其右肘反關節，雙手絞拿其右

圖 326

手肘。

　　4.或，我左手走上弧引進，右拳下沉兜擊其胸、肋、腹部，形成左引右擊之絞截勁。（圖 327）

圖 327

動作二：

1.敵欲下沉後撤，同時進左腳踢我下肢，我也迅速下沉、以左拳擊其左腳、小腿或襠腹部。

2.同時，右拳向右上掤捌其手臂。

3.或，我以右手抓捌其右手，向右上引進，左拳擊其右側下盤。（圖328）

圖328

二、勁道注疏

此勢係「隨高就低」、順應來力變化而變化的一種技法。敵人來力偏上，我則走右上擾；敵人從下盤進擊，我則迅速變招取其下盤。而且雙手有引化有進擊，因敵變化而取勝。陳式太極拳不像有的拳種行功拳架只允許走一個水準，不許忽高忽低。陳式太極拳則是「仰之則彌高，俯之則彌深」，「隨屈就伸」，根據敵人的變化而有高有低，有剛有柔，有開有合，有快有慢，變化萬端。其理則在於因敵變化而順勢借力，化打結合，陰陽相濟。

第七十九式　上步七星

一、勁點剖析

2 個分解動作，至少含 8 個勁。

動作一：

1. 接上勢，敵欲撤，我順勢進擊。先向敵胸腹部進擊左拳（上沖），再變「迎門肘」走肘勁。（圖 329）

2. 敵人捌我左拳，我右拳上沖其胸部或下顎。（圖 330）

3. 同時，上右腳，踢擊其下盤，形成上中下三盤同時並取之勢。

圖 329

圖 330

動作二：

1.敵人抓住我雙腕，阻擋我雙拳進擊。（圖331）我乘勢雙拳先變掌，向前加大擠勁，然後借來力，上掤，走上弧左上引，再下沉裏合，掤肘，雙手引，右肘進。（圖332、333）

圖331　　　　圖332

圖333

2. 當我雙手上引左轉之機，敵胸部空開，我速變招：先進右肘，再雙掌合力先下沉再迅速進擊其胸部。

3. 雙掌進擊時，可先用指尖點擊，再坐掌根下塌上搓，發下塌外碾勁。（圖334）

圖334

二、勁道注疏

此勢有兩點技法要仔細體悟：

1. 手腳併用。沖右拳及上右腳必須是手到腳到，同時並取，不可一快一慢，一定要同步到位。

2. 體悟「引進落空合即出」的技法。動作二雙掌前擠、上掤、左轉、下沉、再向前上發勁，係走一個自右前而左上、自左上而下沉、再向右（前）走一個斜立圈，向其空開之胸部進擊。其奧妙即在於這個斜立圈之中，含有避實擊虛、化打結合，「引進落空合即出」的技法。

3. 從動作二中，體悟「先給（前擠）後要（左上引化）」，再先給肘、後給手；先進指尖、再塌掌根的折疊勁。

三、單式訓練

1. 練習右手沖拳和右腳上步同時到位的上下並取的招法（左右交替練習）。

2. 練習走上弧引化和再走下弧發放在一個圓圈中完成

的化打結合的螺旋手法（偏左、偏右交替練習）。

第八十式　退步跨虎

一、勁點剖析

3 個分解動作，至少含 12 個勁。

動作一：

1. 接上勢，敵人按我雙肘。我雙肘先橫向加大掤勁，然後接其按力，雙手向敵面部撩掌抖擊。此為「欲縱先橫」。（圖 335、336）

2. 「欲撤先進」。雙手先向前上抖擊，再速撤右腿、撤雙手（後撤右腿含有勾絆勁、左肩靠勁、左肘擊勁），從而借力走摔法。注意左肘下沉裏合勁的運用。（圖 337、338）

圖 335　　　　圖 336

圖 337　　　　　　　　圖 338

3. 撤步時，雙手走絞纏勁，是為了邊引化邊解脫。

4. 如背後有敵，撤步時還含有右肩靠、右肘擊、右胯打、右腿後蹬絆之意。

動作二：

1. 如敵人抓、按我雙手臂，我雙手走分捌勁，從裏向外下分捌敵之雙手。（圖339）

圖 339

2. 雙手再加大掤勁（開為了合），以便借力而加大我上搓的合力。

3. 收左腿，為了配合雙手上搓，下走腳絆（或踢），從而使敵人後仰摔出。

4. 雙手合力前上搓，可搓左肘臂，也可搓其身軀。或

圖 340

圖 341

圖 342

雙手趁勢進擊其胸肋部。在螺旋搓力中（力偶）使對方失去平衡。（圖 340～342）

二、勁道注疏

1. 體悟此勢「打前防後」、「撤中有進」等技法。

2. 體悟雙手搓合勁的多種運用：①反拿其左臂及肘可以發前上搓勁；②雙手斜向搓發其身軀可以從立體螺旋勁中發放敵人；③雙手上戳還可以合擊其頭部、胸部，④雙手自外而合其雙臂向前上搓擊。

3. 雙手向左右斜向捌開之後，向前上搓擊之前，一定要再加一個開勁，即所謂「欲合先開」、「開之再開」的折疊勁。此乃「造勢借力」之術。

三、單式訓練

練習雙掌開合向前上搓勁與下盤跟步踢絆相配合，走上中下同時並取的捧法。

第八十一式　轉身雙擺腳(轉身雙擺蓮)

一、勁點剖析

4個分解動作，至少含18個勁。

動作一：

1. 敵人從右側以右拳進擊我右胸。我胸先略左轉、再右轉，加大右臂掤勁。（圖343）

2. 同時，雙手斜向捌開，以右手反拿敵人右腕。

3. 左手下沉，準備上合其右肘。

動作二：

1. 敵右臂被掤擊，身左傾，其右肋部空開。我乘勢右轉，右手繼續右上掤攞其右臂，左手管其右肘。

圖 343

2.提左膝擊其右肋、右胸、右胯。（圖344、345）

3.如有距離，我左腳還可以踢其右側中下盤。

動作三、四：（同前「擺腳」一勢動作三、四，略）（圖346～348）

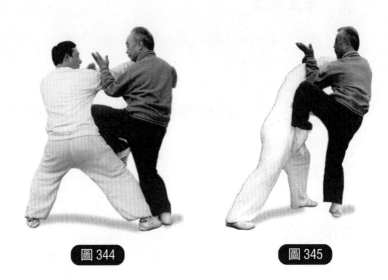

圖344　　　　　圖345

圖346

圖 347　　　　　　　　　圖 348

第八十二式　當頭炮

一、勁點剖析

3 個分解動作，至少含 15 個勁。

動作一：接雙擺腳。

1. 當我雙手向左前捌擊敵人時，敵人變招突然抓我雙腕，阻擋我雙掌。我迅速雙掌變拳，順勢略裏合引化下沉。

2. 同時，右膝再上提，擊其襠部、腹部。全身是個合聚之勁。

3. 當我雙拳下沉，敵人來力落空之際，我迅速雙拳掄起，走上弧，擊其上盤。

4. 我右腿向右後蹬出，蹬擊敵左腿，或插襠，形成上擊下採勁。

5. 或我雙手插入其腋下向前上引，下盤右腿向右後插蹬絆，形成槓杆勁走摔法。（圖349～352）

圖349　　　　　　　　　　圖350

圖351　　　　　　　　　　圖352

動作二：

1.設前方敵人突然抓我雙腕，我雙拳先向左上方略逆纏加外掤勁，再順勢下沉裏合引進，使來力落空。（圖353、354）

2.或敵進右腳向我中下盤踢來，我雙拳速下沉，採磕其右腿。

圖353

圖354

動作三:

1. 接上動,我雙手走下沉採攦,敵勁落空之後,我速以雙拳略走上弧進擊其胸部。(圖 355~357)

圖 355

圖 356

圖 357

2. 或我左右手合住敵右小臂，「合而後發」，向前方將敵發出。

二、勁道注疏

陳式太極拳發勁，常常是採用螺旋式的上下、左右絞絆勁。如此勢動作一，雙手走左上弧、右腳走右後下弧，形成左上（手）右下（腳）的斜向螺旋勁（摔法）；同時，以腰為軸，雙手走上弧向左前上引，右腳走下弧向右後蹬，也是一種左前上、右後下的槓杆勁（摔法）。總之，從中可以充分體現「上下九節勁，節節腰中發」和以腰為樞紐的整體勁。

三、單式訓練

練習雙手左前上掄，右腳向右後下蹬的摔法。左右交替練習。

第八十三式　金剛搗碓及收勢

接上勢，雙手先前掤，再右後上攦。以下 3 個動作，與第一金剛搗碓之動作四、五、六完全相同。略。

關於收勢：

如果按拳譜練完一路拳，接打第二路拳（炮捶）之「懶紮衣」，則無此收勢。如打完第一路（83 式）即收勢；①拳掌順纏走一個平圈掤開，開至大腿兩側；②雙掌再變逆纏下按，身體上升；③雙掌再變順纏合攏貼於大腿兩側，還原。

收勢與起勢對照，正好是陰陽對稱：起勢，雙手上提，屈膝塌腰、身軀下沉；而收勢，則是雙手掤開下按、身體上升而還原。從此處可以看出創編此拳的宗師用心之良苦，處處都講求螺旋升沉、有上有下、輕沉兼備、陰陽相濟。所以，鑽研此拳的同道，必須從學習中國傳統哲學（易學）入手，把握太極陰陽學說的思維方式，再結合人體力學鑽研其招法、勁道變化規律，才可以深入理解此拳之原理。總之，正如王宗岳所云：「陰陽相濟，方為懂勁。」而「懂勁」正是這套拳的精髓所在。

下編 二路‧又名炮捶，七十一式

二路拳勢順序

第一式至第五式（同一路）　　　第二十三式　連環炮

第　六　式　搬攔肘　　　　　　第二十四式　連環炮（二）

第　七　式　躍步護心捶　　　　第二十五式　連環炮（三）

第　八　式　躍步斜行　　　　　第二十六式　倒騎麟

第　九　式　煞腰壓肘拳　　　　第二十七式至第二十九式　白

第　十　式　井纜直入　　　　　蛇吐信（一）（二）（三）

第十一式　風掃梅花　　　　　　第三十式　海底翻花

第十二式　金剛搗碓　　　　　　第三十一式　掩手肱拳

　　　　　（同一路）　　　　　第三十二式　轉身六合

第十三式　披身捶　　　　　　　第三十三式　左裹鞭炮（一）

　　　　　（同一路）　　　　　第三十四式　左裹鞭炮（二）

第十四式　撇身捶　　　　　　　第三十五式　右裹鞭炮（一）

第十五式　斬　手　　　　　　　第三十六式　右裹鞭炮（二）

第十六式　翻花舞袖　　　　　　第三十七式　獸頭式

第十七式　掩手肱捶　　　　　　第三十八式　劈架子

第十八式　飛步拗鸞肘　　　　　第三十九式　翻花舞袖

第十九式　運手（前三）　　　　第四十式　掩手肱拳

第二十式　高探馬　　　　　　　第四十一式　伏　虎

第二十一式　運手（後三）　　　第四十二式　抹眉紅

第二十二式　高探馬　　　　　　第四十三式　右黃龍三攪水

第二路 炮捶（七十一式）

第一式至第五式

與第一路前五式完全相同，故略。

第六式 搬攔肘

一、勁點剖析

4 個分解動作，至少含 12 個勁。

動作一、二：

1. 接單鞭動作六，對方沖拳從我左側向我胸部、或頭部擊來，我雙手螺旋先略向右下沉，再向左前上掤，接應來力。（圖 358、359）

2. 我右手接應（或反拿）敵方右手腕，順勢走右下採攦（也是一種捌勁）。（圖 360）

圖 358

圖 359

圖 360

3. 我左手向左上掤，再裏合肘，管對方右肘外側反關節，配合右手走右下採攦（含擊、掛、攦三個勁）。（圖361、362）

圖361

圖362

4. 當我向右下採攦時，敵欲後撤，我即順勢借力打回勁，雙手向左發放。向左發放對方時，含肩靠，肘擊，胯靠、膝扣，拳擊等5個勁（近身即走肩、胯靠、肘擊，遠則用拳擊）。（圖363）

5. 如果敵方係從我左側以右腳踢來，我則用跳躍動作，雙手（拳）採捌擊打敵人脛骨及腳，或抓住敵前踢之腳腿摔出。

圖 363

6. 趁敵身前傾，我迅速向左發勁，擊其胸，肋部。（圖 364）

7. 當我跳躍時，如能以前腿腳套住敵人前腿，還可以用下扣、上翻向左前摔出。

8. 當我跳躍時，如敵人後撤，我則向左挫步發勁。

圖 364

動作三、四：與上述勁道相同，方位相反，故略。

二、勁道注疏

1. 此勢充分體現了順勢借力，借力打力，打回勁等折疊手法。「來之歡迎，去之歡送」。

2. 同時，此勢又體現了拳論中的「挨到何處何處擊」

的要領。來，則順勢攦發；去，則走肩靠、胯靠、肘擊、小臂橫擊、拳擊等 5 個勁。

3. 又體現了此拳一勢多用之術。敵以右拳進擊，我雙手用螺旋式的上掤下攦的絞勁，順勢將敵人摔出；敵人踢腿擊來，我則跳躍以雙手抓攦敵人進攻的腿腳；敵人後撤，我則挫步進擊，又體現了沾連黏隨的技法。

4. 本著螺旋破直，螺旋破橫的原則，左右引發，雙手引發，雙手皆走 S 線。請讀者仔細體悟。

三、單式訓練

左右反覆練習跳躍採攦和發放的折疊勁。向右後採攦，向左前發放；再向左後採攦，向右前發放。

第七式　躍步護心捶

一、勁點剖析

4 個分解動作，至少含 16 個勁。

動作一：接上勢，設我左後有敵人進攻時，我為下動作。

1. 我乘勢快速先向右前下沉，雙拳變雙逆略下沉，同時左肘上掤，接應左後敵人推按之力，走右下攦（從整體著眼則為先引化，實質上也是一種邊引化、邊蓄勁的過程）。（圖 365）

2. 當我向右前下沉走右下攦引化來力之時，敵人推按勁落空身前傾失勢，我迅速雙腳跳躍，向左後轉體，雙拳

圖 365

向左後掄起，回擊前傾失衡之敵。雙肘迎擊，雙拳採擊，雙膝挑起擊其中盤（如敵人前傾嚴重，還可以以膝擊其頭部，胸部）。（圖 366、367）

圖 366

圖 367

3. 如果敵人進攻偏我左前，我則雙手先向右下擺，引進落空，當敵人前栽失勢，我迅速躍起，以膝、腳、肘、拳回擊敵人。

動作二：當我轉過身來之後，我為下動作。

1. 敵在我前面抓住我雙腕（或小臂）阻擋我進擊。我雙臂加大掤勁，先向外掤引敵手合力。（圖 368）

2. 我震左腳、出右腳（插入敵襠部），雙手突然由雙逆掤變為雙順，向左前上引化敵雙手形成拳開肘合，以右肘進擊敵胸部。（圖 369）

3. 我右腳向前出步時，可以插襠，也可以蹬擊敵下盤。

4. 從整體上著眼，則為梢節（雙手）引化，中節進擊；上肢引化，下肢進擊。

圖 368

圖 369

動作三、四：與一路拳護心拳動作相同，用法相同。略。（圖370）

圖370

二、勁道注疏

此勢充分體現了「化而後發」的技擊特點。先向右前下引，為了向左後發；雙臂梢節外掤引化來力，為了雙肘中節進攻；上肢引化，下肢進攻。處處都是化打合一、化而後發、「敵進我化，敵退我進」之戰術。

三、單式訓練

1.練習跳躍轉體化打之術。先右前引沉，再跳躍轉體向左後發放。發放時，想到提膝擊、挑肘擊、掄拳擊、以及左肩靠擊等等。整體勁節節使用。

2.鍛鍊梢節開，中節（肘、膝）擊的開合勁。

第八式　躍步斜行

一、勁點剖析

5個分解動作，共含22個勁。

動作一：敵人從前面雙手抓按我雙臂腕，左側按勁較

大時，我為下動作。

　　1. 我左手引進，右掌向其頭部撩擊。（圖 371、372）

　　2. 敵掤按我進擊之右手，我右手引進，左手插入其襠部，戳擊其腹部、襠部。（圖 373）

圖 371

圖 372

圖 373

動作二：敵因我引化而失勢前傾時，我為下動作。

1. 我走左肩靠，擊其胸部（或從其腋下塞靠）；

2. 敵略退，我揚左肘走肘擊，擊其胸、肋部。敵再退，我用左手腕背擊其胸、面部。（圖374）

3. 同時，我右手抓拿其右手，走右下採挒，以配合左肩靠、左手、肘及腕背的揚擊。

4. 右腳走後弧跟步，可以走左胯靠勁。

動作三：敵身法欲下沉，以化開我左肩、左肘之進擊時，我為下動作。

1. 我順勢，左肩肘裏合下沉，提右膝擊其襠腹部。

2. 揚右手走上弧進擊其頭部。再下採其右手。（圖375）

3. 同時，我左手順勢從敵腋下採挒下沉，再從敵右臂外側上翻，配合右手下採，反擊其右臂反關節。雙手配合走採攦。（圖376）

圖374

圖375

圖376

4. 同時，右腳下沉震腳，左腳提起插入敵襠部（或套，或蹬），形成上攦下進的摔法。

動作四、五：與一路斜行動作五、六用法相同。略。

二、勁道注疏

此勢充分體現左引右進，右引左進，以借力為上、化打合一的太極拳技擊特徵。

你推按我左臂手，我左手引進右手撩擊；你阻擋我右手，我右手引進、左手進擊；你按我左手，我左手走下弧，化開來力，同時我進右手，提膝進擊；右手膝遇阻，左手再從敵腋下化開，從敵臂外側回繞，配合右手走右下採攦，同時配合左腿進擊，形成上下一引一進合擊的摔法。化打結合巧妙之極。

三、單式訓練

練習跳躍式的動步斜行。形成上盤左右手絞化，下盤

跳躍進擊。

1.左手下化右手上打（絞擊）。

2.雙手走大攦，下盤進左腿擊。

第九式　煞腰壓肘拳

一、勁點剖析

2 個動作，至少含 12 個勁。

動作一：敵人從右前方進左步，雙掌按擊我胸、右肋或右臂時，我為下動作。

1.雙手先左前鬆沉，再右逆左順右前上掤。（圖 377）

2.再右順左逆向左下引化。

3.再向左裏下沉，走採勁，使來力落空失勢，其身前傾失衡。（圖 378）

圖 377

圖 378

圖 379

動作二：趁敵人向前傾失衡，我為下動作。

1. 右拳右肘上翻，右外走採捌勁，以肘擊、拳或腕背擊，或右肩靠勁。

2. 左拳上翻，擊其面部、胸部，從其右臂外側兜擊其右臂反關節。（圖 379）

3. 或雙手向右外走絞截摔法，將敵人往我右前側摔出。

二、勁道注疏

1. 此勢也是體現先左上掤、再右上攦，再左裏下引、再右外上翻的折疊勁。

2. 同時，體現一勢多用：對方雙手、單手擊我中盤，或推按我左臂均可用此法。可走捌勁，靠勁、雙手絞截

勁，以及合而後發的摔法，等等。但所有動作皆走螺旋勁。不可走直勁。

3. 要特別注意左右肘的上翻、外捌、下採、腰下沉的勁道。

三、單式訓練

雙手右上掤，左下裏引採，再快速向右上外掄臂上翻走摔法。雙腳震腳發勁。可以左右練習。

第十式　井纜直入

一、勁點剖析

3 個分解動作，至少含 9 個勁。

動作一：敵人從我右前方進右步，雙手抓拿推按我右臂肘、腕時，我為下動作。

1. 我右臂趁勢略右掤，再上提向左裏下引進。我邊解脫、邊引來力落空（左手配合右手）。

2. 或敵人抓我雙臂肘彎，我雙肘裏合，以絞截勁，將來力引進落空。（圖380）

動作二：趁敵欲撤時，我為下動作。

圖380

圖 381

1. 我右手抓拿敵右手腕，隨勢向右外上翻掤出。

2. 我左拳變掌，上翻至左耳門下，準備以肘或手擊敵右臂之反關節。（圖381）

動作三：

1. 我右手抓拿敵右手腕裏合上兜，使其右側背勢。

2. 我挑左肘，擊其頭部、肩部、背部。

3. 同時提左膝，擊其腰胯部。

4. 然後，左手下插，與右手上兜配合，上下合擊，使敵失勢。

5. 左腳再下插，擊其下盤或根節，使敵摔出。（圖382—384）

圖 382

圖 383

圖 384

二、勁道注疏

1.陳式太極拳一、二路拳 600 多個動作中，只有此勢動作三中有這樣一個「挑肘」動作。此乃在敵右背後的特殊情況下的特殊動作。其他拳式中皆為墜肘或掤肘，即使有發挑肘勁力的動作（如六封四閉、穿心肘等）肘也不可高過肩。只有此勢，挑左肘時可以高過肩。

2.此勢名曰「井纘直入」（顧本《陳式太極拳》書中寫為「攬」字，係錯字）。陳老師當時講解說明：「動作三左手由挑肘到下插時，要鬆活彈抖地自上而下插入敵人下盤，如同繫水桶的纘繩向井內抖動而下的樣子。故曰井纘直入。」

三、單式訓練

右手向右上掤，變向裏下沉再向裏上兜，同時左肘上挑再變手下插，練習這種上下結合的合擊勁。可左右交替

練習。

第十一式　風掃梅花

一、勁點剖析

2個分解動作，至少含9個勁。

動作一：接井纜直入，我右臂被敵人抓拿時，我為下動作。

1. 我隨勢右手向右外上掤捌。

2. 左手塌腕，塌擊敵人右胸、右胯，或右腹。（圖385）

3. 如近身，隨身右轉，我以右胯撞擊敵右胯。

4. 如我左腿已插入敵襠內，還可以以左小腿彈擊敵右腿。

5. 擰腰旋腳（以左腳掌為軸）震腳以加大整體發勁力度。

動作二：

1. 我身右轉270度，先沉後升，走摔法。左手逆纏下塌（插襠或腋下）變順纏上托，右手逆纏上捌變下按，雙手形成螺旋式的槓杆勁。（圖386）

2. 如走低勢，尚含肩

圖385

圖 386

扛勁，配合雙手槓杆勁，下肢絞絆勁，走大身法的摔法。旋轉如風車，左下而上，右上而下。

3. 或我被敵人從身後摟抱，我以周身螺旋式的掤勁、加上雙臂的上下絞勁和下肢的後掃勁，邊解脫邊摔擊敵人。

二、勁道注疏

1. 此勢充分體現了以腰（丹田）為樞紐周身一家的立體螺旋勁的運用。

2. 從中體悟周身一體的螺旋勁，以及旋轉中上肢左右臂的槓杆勁和下肢的絞絆勁，相互配合。

三、單式訓練

在整體後旋過程中，練習上肢上下槓杆勁和下肢的後掃勁（配合腰胯的樞紐和撞擊力）。

第十二式　金剛搗碓

同一路，略。

第十三式　披身捶

同一路，略。

第十四式　撇身捶

一、勁點剖析

2 個分解動作，至少含 8 個勁。

動作一：敵人從我左側進右步，以右拳擊我左臂，或左肋、胸、腹部時，我為下動作。

1. 我左臂先掤後引化其來力，使來力落空。

2. 同時，我以左手迎接來力，以右拳走上弧護我頭部。

3. 如距敵略有距離，我蹉步（略走小步，又稱碎步）前進，調整距離，以靠近敵人，準備發勁。（圖 387）

動作二：

1. 我右手掤攦敵進擊之右腕。

2. 左手順纏橫挒擊其右肋，或胸、腹部。（圖 388）

3. 如我左手在其右臂上方，即以左手挒勁擊其頭部、頸部。

圖 387

圖 388

4. 我左右手配合，我還可以左臂兜其右臂，右手下採，形成向我左側的摔法。

二、勁道注疏

1. 此勢充分體現太極拳從被動之中尋主動、引化與發放相結合的辯證技法。引化其主力點，進擊其空虛點，左引

右進，上引下進，邊化邊進，隨機應變，因敵變化示神奇。

2. 此勢還體現邊引化邊蓄勁（蹉步靠近敵人），先捲而後發的技擊技巧。

三、單式訓練

可以練習雙臂合而後發（蓄而後發）、輕進重發的鬆活彈抖的爆發力。

第十五式　斬　手

一、勁點剖析

3 個分解動作，至少含 8 個勁。

動作一：接撇身捶，我左手腕被對方拿住時，我為下動作。

1. 我左手先外掤，再下沉裏合，施採勁，以求引化解脫。

2. 右手沉引至右膝外側，走配合左手之下沉裏合勁，或雙手先左上掤，右後下攦。（圖389）

圖389

動作二：

1.我下沉裏合，未能解脫，或我已解脫使敵落空，準備反擊，我快速左腕上翻，順勢擊敵面部。

2.同時我右手上翻，準備迎擊敵人上盤。

動作三：

1.左手上揚挪化，再與右手走合擊勁。

2.右手先外挪再擊敵人抓我左手之手腕，或擊其右太陽穴、右耳門，或擊其右臂反關節。

3.同時，提右膝，撞擊其襠、腹部。（圖390～393）

4.震腳踩跺敵腳面，或為加大上肢擊打力量而震腳。

圖390

圖391

圖 392　　　　　　　　　圖 393

二、勁道注疏

此勢勁道，如同形意拳「進退連環」中之「截手炮」，不同之處我拳強調所有動作都走纏絲勁。

同時，體現欲進先引，欲給先要（含欲引先掤，欲要先給）種種往復折疊勁。

三、單式訓練

練習右拳左掌上盤開合勁，中盤上提膝、下震腳的整體合擊勁。

第十六式　翻花舞袖

一、勁點剖析

3 個分解動作，至少含 8 個勁。

動作一：設我左手背敵人擒拿時，我為下動作。

1. 左手向左上走抖擊勁，以求解脫。

2. 右拳下沉裏合。（圖 394）

動作二：

1. 雙手雙逆纏，左手上提（引化），右手下採，切擊敵拿我左腕之手腕、肘，以求解脫左手。雙手形成左上右下分捯勁。

2. 身法走立體螺旋，上提下沉（上肢上引，腳跟提起，腳掌下沉），上下走螺旋式的對拉拔長勁。（圖 395）

圖 394　　　圖 395

動作三：

1. 上提下斬（切）之法為不能解脫，以身軀配合，走肩靠，肘擊，以身軀旋轉騰空躍起，轉 180 度，解脫之後，迅速以雙手向敵人頭部、胸部或背部劈擊。（圖 396～398）

圖 396

圖 397

圖 398

2. 或在對付左邊之敵時，右後有敵進攻，我迅速轉體騰空，翻轉過來，劈擊身後之敵。

二、勁道注疏

此勢與上勢係一連串的解脫法。但解脫之中仍包含擊

打之術，體現化打合一。同時，體現四肢動作與身軀動作合一的整體勁。

三、單式訓練

練習立體螺旋式的騰空翻躍勁（即「旱地拔蔥」）。

第十七式　掩手肱捶

與一路閃通背式之後的掩手肱捶勁道相同，略。

第十八式　飛步拗鸞肘

一、勁點剖析

3 個分解動作，至少含 12 個勁。

動作一：設我被3 人包圍，我採取化打結合之術，解脫衝出包圍。

1. 我右拳先前掤，再引化收回，掤出左肘，同時提起左膝，形成上引下進，右引左進之勢。（圖399、400）

圖 399

圖 400

圖 401

2.設我掩手肱捶發出之右拳，被敵人右手抓住右腕。我右手逆變順纏反拿敵手腕引進，正好以左肘擊打敵右臂之反關節。或以左肘解脫被拿之右手。

動作二：

1.右拳前沖，左腳前蹬踢，騰空跨出一大步。應對前方之敵。（圖401）

2.同時，右腳跨出，左手外捋，右肘挪出，應對左側之敵。

3.騰空轉身時，含肩靠、胯打之術。

動作三：

1.採取「左攔右截」之法，左手與右肘合擊右側之

敵。

2.或我捌出之左手，反拿右側敵人之左手裏合，以我右肘橫擊其反關節或肋部。（圖402、403）

3.此時，我左腳套住敵前腿，還可走捽法。

圖402　　　　　　圖403

二、勁道注疏

類似一路中的玉女穿梭。在沖擊敵人三面包圍的形勢時，採取螺旋式騰空躍步，掤捌化打、左攔右截、肩肘擠靠諸法，以衝出重圍。其中還含有指東打西、指南打北之法。讀者要細心體悟。

三、單式訓練

練習動作三之手肘先開後合的手肘合擊勁。注意胸部的開合與腰部的旋轉相互配合。

第十九式　運手（前三）

同一路之運手，略。

第二十式　高探馬

一、勁點剖析

此勢不同於一路的高探馬。3個分解動作，至少含9個勁。

動作一：略似一路之第二個三換掌，步法手法都更較開展。

1. 接運手動作四，敵人由我身右側進右步，以右拳向我擊來，我先略左轉，引化（圖404），然後以右手迎接來力，反拿敵右手腕引進，同時左手前捌擊敵右臂反關節。

動作二：

1. 我左手引進，右手進擊其胸部、頭部。

2. 或我左手迎接敵進擊之左手，右手橫擊其左臂反關節。（圖405）

圖404

圖 405

動作三：

1. 當我右掌進擊時，敵以右手抓我右腕，我趁勢右手引進，左手進擊其右臂反關節。或擊其胸部、頭部。

2. 同時，我提起右膝，擊其襠部、腹部，或以腳踢其下盤，使敵人上下被擊打而失勢。（圖406、407）

圖 406

圖 407

二、勁道注疏

此勢體現左右雙臂手的絞截勁，左化右打，右化左打，胸腰左右旋轉，雙手化打結合。上盤化打結合之中，最後下盤又加膝腳進擊，形成一個整體勁。

三、單式訓練

練習雙臂引化與捌擊相結合的戰術。

第二十一式　運手（後三）

與第十九式運手方位相反，動作相同，略。

第二十二式　高探馬

同一路高探馬動作一、二、三，略。

第二十三式　連環炮

一、勁點剖析

技擊用法解析分三段，至少含 6 個勁。

第一段：接高探馬之開式（即接第一路拳高探馬動作三）設敵人由我左側推按我左臂。

我乘勢身右轉下沉，左臂手下沉引進，使來勁落空。

第二段：乘敵人失勢，我快速左轉，雙手前捌，左手

抓拿其左腕，右手管其左臂反關節，撤左步，走大攦（又稱「貼地攦」）（圖408、409）

　　第三段：敵失勢欲撤，我上盤加大挒勁，下提右膝合擊其襠部，然後，右腳前蹬擊其下盤，雙手變按，擊其胸、肋、腹部。如敵低頭，我則雙手擊其頭部。（圖410、411）

圖408

圖409

圖410

圖411

二、勁道注疏

此勢即陳式太極拳之大攦法。以練低勢採攦勁為主。按欲後先前、欲下先上、欲撤先進、上引下進之原則，走前掤後撤（上掤下撤），走大攦，攦而後又變前按，往復折疊。（中間加一個掤臂提膝上開下合勁）。

三、單式訓練

反覆練習左後（右後）下攦、再開合向右前左前按擊的前後折疊勁。

第二十四式　連環炮（二）

同第二十三式，略。

第二十五式 連環炮（三）

同第二十三式，略。

第二十六式 倒騎麟（張果老倒騎驢）

一、勁點剖析

3 個分解動作，至少含 8 個勁。

動作一：敵人從我右側前方進右步，用右拳向我胸肋部擊來時，我為下動作。

1. 我右手反拿敵右腕，左手管其右肘。

2. 雙手合住其右臂向右加大掤擠勁，敵背勢，使其向左傾斜。（圖 412）

圖 412

動作二：

1. 我右轉 90 度，兩腳拗步，雙臂繼續向右外掤擠，並以左肘橫擊其右臂反關節，或擊其肋部。（圖 413）

動作三：

1. 我左手向左前上捌擊敵人上盤。

圖 413

2.我左腳向左橫蹬擊敵之右肋、腰、胯。（圖 414）

3.提膝轉體，迎身後之敵，右手反拿身後敵人右手，左手上揚拍擊敵上盤，或右臂反關節，左膝擺擊敵中盤。（圖 415）

圖 414　　　　　　　圖 415

二、勁道注疏

此勢為打前防後，運用旋體捌擊之術，以對付前後敵人。在鍛鍊獨腿支撐和旋轉的情況下，練習應對四面敵人，這也是一種耐力鍛鍊，腿的支撐力、腰部的旋轉力，上肢的靈活力，都會得到鍛鍊。

三、單式訓練

練習前蹬後擺邊轉體、邊應對前後敵人的來力。

第二十七式至第二十九式　白蛇吐信 (一)(二)(三)

一、勁點剖析

3 個分解動作，至少含 22 個勁。

（一）設敵人由我面前進右步，用右拳或掌，向我胸部擊來時，我為下動作。

1. 我快速右轉略下沉，左手接應來力向左下採挒，截化來力。

2. 乘敵向前傾，我以右掌穿刺敵頭部、咽喉部。（圖416）

3. 左膝擊其襠、腹部。

4. 上左步蹬擊其下盤，右腳跟步頓腳以助上肢發勁。

（二）敵以雙拳、或掌，向我頭部擊來時，我為下動作。

圖 416

1.我雙手右上左下，捋開來力。（圖417）

2.或我右手先掤捋接應其右手，然後反拿其手腕，左手迎擊其右臂肘反關節。（圖418）

3.提左膝以擊其襠腹部

4.左手下採，右手穿掌上刺、上步，發勁。（圖419）

（三）同（二），略。

圖417　　　　　圖418

圖419

二、勁道注疏

此勢，係雙手分捌來力（開），再趁敵失勢而變雙手合力進擊。上盤一開一合，下盤一合一開（提膝上步），上穿掌，下進腿，形成上下並取之勢。但一定要注意，分捌、合擊、穿掌，都要走螺旋勁。並且注意手腳上下同步到位。

三、單式訓練

練習雙手上捌下提膝、上盤穿掌、下盤上步、跟步、頓步上下開合進擊勁。

第三十式　海底翻花

同前，略。

第三十一式　掩手肱拳

同前，略。

第三十二式　轉身六合

一、勁點剖析

3 個分解動作，至少含 8 個勁。

動作一：敵人右腳在前，以雙手抓拿或推按我左右腕

臂時，我為下動作。

1.我身先左再右墊步轉體，左手裏捲下引採勁（含肘裏合拿勁），變拳可以擊其襠腹部。

2.左肘掤擊其胸腹部。

3.左肩可以靠擊。

4.我右手化開來力，向敵頭部（左耳部）進擊。與左手配合，形成左下引採，右手向其上盤掄擊，上下合擊之勢。（圖420）

動作二：我雙拳向左右逆掤開，再變順纏捌開，掤化敵人抓拿勁，使敵腹部敞開。（圖421）

動作三：

1.我以身向右轉的螺旋上升勁，提右膝猛擊其襠腹部。

圖420

圖421

2.雙拳在身體旋轉中，快速上揚掤開，再下沉裏合，擊其胸部及下採擊腹部。形成上下左右合擊之勢。

3.轉身還含有對付後方敵人之意。（圖422）

圖 422

二、勁道注疏

此勢體現螺旋中化解與進擊之術。先是靠身體向右螺旋邊解脫邊進擊，然後又靠身法的大幅度旋轉，在螺旋中開合，而進行上下合勁進擊之術。

三、單式訓練

練習在身法左右立體螺旋中，雙臂忽開忽合的化打結合勁。

第三十三式　左裹鞭炮（一）

一、勁點剖析

2 個分解動作，至少含 8 個勁。

動作一：設敵人從前面合拿我雙臂，或從身後摟抱時，我為下動作。

1.右腿下沉震腳，左腳出步蹬擊其下盤。

2. 我雙臂逆纏裏合，再加大裏捲合勁。合，為了開；合之再合，為了加大開勁。同時，含胸、塌腰、雙臂合緊，也是為了再加強引化之勁，引之再引，然後加大發放之勁（注意：雙小臂合雙肘掤開）。（圖 423）

動作二：我雙臂掤開時，其中含有胯打、肘擊、雙小臂掤擊之勁，以及雙拳分掤擊打之勁。（圖 424—427）

圖 423

圖 424

圖 425

圖 426

圖 427

二、勁道注疏

此勢，充分體現此拳蓄而後發，合為了開，開為了合。即使是開展的動作，下一步要合，也要「開之再開」（陳照奎語）。合的動作，要發放開勁，也要先「合之再合」，然後再開。皆為蓄勁的過程。此動作規律萬萬不可忽略。而且要注意在螺旋中合，在螺旋中開。特別注意胸腰的左右旋轉之開合勁。

三、單式訓練

按此勢練習周身（胸腰襠及四肢）捲放、開合勁。

第三十四式　左裹鞭炮（二）

第三十五式　右裹鞭炮（一）

第三十六式　右裹鞭炮（二）

以上 3 式，與第三十三式勁道相同，只是加上跨步、躍步、轉體的練法。動作變化見《陳氏太極拳體用全書》，略。

第三十七式　獸頭式

一、勁點剖析

2 個分解動作，至少含 14 個勁。

動作一：接裹鞭炮，我右臂被敵人按拿，從右側向我進擊時，我為下動作。

1. 我右臂先掤後引化（先給後要）。

2. 我左臂先下沉，再向右前進擊。其中含手、腕背、小臂、拳多方位進擊，即所謂「挨到何處何處擊」。

3. 右腳撤一大步，右腳撤，左拳進，下撤上進，頓步發勁。（圖 428—430）

動作二：與動作一方位相反，動作相同，略。

二、勁道注疏

此勢系以退為進、退中有進的技擊法。雙拳一掤一

圖 428

圖 429

圖 430

蓄、一引一進。手腳上下配合又是下退上進、下盤頓步上
盤發勁，左右上下配合、化打結合應敵。從整體看，又是
一種螺旋式的蓄勁、發勁。以胸腰為樞紐周身運作，如龍
似蛇，在旋轉中有引化有進擊。正如陳鑫拳論中所云：
「虛籠詐誘，只為一轉。」

三、單式訓練

練習左右手、左右腳相配合螺旋進退、化打結合的擊法。

第三十八式　劈架子

一、勁點剖析

3 個分解動作，至少含 12 個勁。

動作一：敵人從右側進攻，按我左右肘時，我為下動作。

1.我右肘裏合，右手撩擊敵上盤。（圖 431）

2.我左右手左引右進，走挒勁。

3.我右手被敵抓按，我左手肘上挪敵右臂以求我右手下沉解脫。

4.收右腳，備用。

動作二：

1.敵推按我挪出之左臂，我左手肘下沉裏合引進。

2.同時，右手走上弧進擊，或護我面部。（圖 432—434）

3.如由於我左手引進，敵前傾，我則以右手進擊其頭部，即左手下引、右手上進。（圖 435）

4.我左腿插、套、蹬敵下盤。

圖 431

圖 432

圖 433

圖 434

圖 435

圖 436

動作三：

1.我踮步，靠近敵身走左肩靠。

2.我左手自下而上斜向挑擊敵下頦。如左手插入其腋下，或插入其襠內，可以走肩靠手挑的摔法。（圖 436）

3.同時，右手走右下採挒勁。

4.如左腳套其前腿，左膝裏扣則形成下扣上挒的摔法。

二、勁道注疏

此勢為一種上下結合的分挒勁，左手上挑，右手下採，加上肩靠及下肢的扣、絆、撐諸法，走摔法。

此勢與下勢「翻花舞袖」又是一對對稱式。此勢走上挑勁，下勢下劈勁，正好一組對稱的拳勢。

三、單式訓練

練習上身走塞靠，雙手上下斜向走挒勁，走挑摔法。

第三十九式　翻花舞袖

一、勁點剖析

2 個分解動作，至少含 6 個勁。

動作一：接劈架子。雙手先向左前上掤，再走右下大 攦欲後先前、欲下先上，使敵人判斷失誤。（圖437）

動作二：當敵人被我大攦前傾之際，我迅速跳躍轉 體，調整步法，雙腳震腳，雙手下劈砍，擊敵人之頭部、 肩部、背部。含雙肘採擊、雙腳踩跺其下盤。（圖438）

圖 437

圖 438

二、勁道注疏

與上勢對稱，前者為挑捌法，此勢為下劈法。忽下忽上，下勢大攦突變騰空上躍，再變下劈。左前上挑、右後下攦，再變左前翻躍下劈，上下上下4次上下折疊勁。

三、單式訓練

練習左前上掤、右下大攦，再變右前上翻、左前下劈的轉身上下折疊勁。

第四十式　掩手肱拳

同前，略。

第四十一式　伏　虎

一、勁點剖析

2個分解動作，至少含8個勁。

動作一：接掩手肱捶。

1.敵人從我右側，以雙手推按我右臂腕。雙臂先向左前上掤，然後我右臂順來力肘裏合，拳向右前上引進。可以以右肘擊其胸部、肋部。左手陪襯上引。（圖439、440）

2.同時，我右腿向右後下蹬。襠胯下沉，以維護自身平衡（逢上必下）。

圖 439

圖 440

動作二：

1. 敵雙手推按勁落空，身前傾。我趁機以右臂肘、拳向右側下沉橫捌擊其頭、胸、腹部。

2. 我左肘、拳配合右手，向右側擊敵之面部、右肩、或後背擊去。（圖 441）

圖 441

3. 如敵左手抓我下沉之左腕，我提右拳準備擊其左臂反關節。（圖 442、443）

圖 442

圖 443

二、勁道注疏

此勢兩個分解動作，實際上是三層折疊勁。①敵人從我身右前方推擊我右臂，我向左前上方引進；②敵人落空，我向右前下方引進；③敵人再次失勢，我又向左前方

回擊。左上右下左前往復折疊 3 次。引中含進，化打結合。勁道類似護心拳，最後向右下攦，右拳蓄而未發。

三、單式訓練

左上掤引再進肘，再掤肘右下攦發；右上引，左前發。練習折疊發放勁。其間，要特別注意胸腰左右螺旋變化的樞紐作用。

第四十二式　抹眉紅

一、勁點剖析

2 個分解動作，至少含 12 個勁。

此勢三個含義：①衝出眾人包圍，以拳、肩、肘、膝、腳等部位，在螺旋中衝出重圍；②對付前方一個人；③如與上勢（伏虎）連接運用，上勢為蓄勢，此勢為發勢。蓄而後發之謂也。

動作一：右拳下塌變掌，右腳後蹬，身腰下塌，欲前上先後下。蓄而後發。（圖 444）

圖 444

　　動作二：突圍時的多種勁力配合。含右掌前推再變右掌捌、插（「抹眉」——插擊對方面部），左右肘擊、左右膝撞、左右腳蹬以及左右肩靠等等諸勁。（圖445—447）

圖 445

圖 446

圖 447

二、勁道注疏

此勢與上勢（伏虎）結合練習，即一蓄一沖，蓄而後發之勢。上勢最後一動為蓄，此勢為發。當然蓄中含打，沖擊中又含化。此式類似玉女穿梭、飛步拗鸞肘之用法。

三、單式練習

與上勢結合起來練習下沉後塌蓄勁與螺旋前沖之勁。

第四十三式　右黃龍三攪水

一、勁點剖析

4 個分解動作，至少含 15 個勁。

動作一：分作四段

1.（接抹眉紅）敵人從右側上步雙手推按我右臂，我右臂先掤後下沉裏合引進。（圖 448）右腳收回備用。

或，敵以左腳向我右肋踢來，我右手先掤再下採截其腿。

圖 448

2. 我右臂下沉裏合引進敵按我之雙手，趁敵身前傾，我一邊右手繼續向左前上引，下盤出右腳向右前蹬出，形成上引下進之勢。（圖449）

圖449

3. 趁敵雙手按勁落空，我迅速以右腳跟為軸，身體向右旋轉（約180度），右手向右橫捌，擊敵人上、中盤；左腳裏掃，破壞其下盤；左肘裏合，可以擊其右肋、右肘反關節。（圖450、451）

4. 設敵以左臂手插入我右臂裏側，進擊我肋部。我乘勢，右臂肘裏合住敵左臂反關節（肘拿之術），向左前方截擊，配合下盤左腳後掃，形成向左的摔法。（圖452、453）

圖450

圖 451

圖 452

圖 453

動作二、三：兩動作勁道與動作一相同。略。

動作四：接動作一。趁敵人身前傾（前栽），我先向左轉，雙手再向左下攦，身下沉，雙腳蹬地，然後迅速騰空向右旋轉，跳起翻轉過來再震腳雙手下劈砍。（類似三十九式翻花舞袖）

二、勁道注疏

此勢要求拳勢低、身法大、旋轉幅度大，往復皆為180度，確有巨龍左右上下翻騰之勢。不同於某些人小步左右移動的練法，它是一種走大身法的左右折疊勁。

三、單式練習

練習「引進落空合即出」的左右攪絆摔法及騰空翻身劈法。

第四十四式　左黃龍三攪水

此勢與上勢相同，唯方位相反，略。

第四十五式　左蹬腳

第四十六式　右蹬腳

第四十七式　海底翻花

第四十八式　掩手肱捶

以上 4 式，除方位與連接動作略有變化外，其他動作勁道均與前相同，略。

第四十九式 掃蹚腿（轉脛炮）

一、勁點剖析

3 個分解動作，含 8 個勁。

動作一：設敵人出右拳進擊時，我為下動作。

1. 我右手向右上揚，以掤化來力，或反拿敵右手腕，再進而裏合下沉至腹前。

2. 我左手下沉上翻，順勢與右手配合管住其右肘反關節。形成雙手反拿敵進擊之右臂。（圖 454）

動作二、三：敵人不得勁欲後撤，此時我先調整步法，再以右腳為軸，左腳前掃，隨身旋轉 450 度，左膝裏

圖 454

圖 455

扣，左小腿及左腳裏絆，上盤合住敵人右臂，下盤向敵人脛前下端及根節橫掃，將敵人摔出。（圖455）

二、勁道注疏

此勢係上盤以雙手相合的絞勁，下盤以橫掃勁，相互配合，將敵人摔倒。左腳橫掃 450 度，是為了鍛鍊下肢的絞絆勁、腰的旋轉力，實戰中根據需要，橫掃幅度可大可小，身法可高可低，以達到將敵人摔出為目的。

關鍵是上盤一定將敵方合緊，塌腰下沉，以腰為樞紐，加大下盤的旋轉力度。

三、單式訓練

練習下盤橫掃勁，含前掃、後掃兩種練法。不要一手扶地或兩腳交替分兩段後掃的練法，而要一氣呵成。並且盡量多練低勢，從而加強下盤功力。

第五十式　掩手肱捶

同前，略。

第五十一式　左　沖

一、勁點剖析

3 個動作，至少含 7 個勁點。

動作一：敵人提左腳向我腹部、襠部踢來時，我為下動作。

我以雙拳裏勾腕向前掤；下採截敵小腿。

動作二：當我採截敵人向我進擊之腿後，敵身前傾失去平衡時，我為下動作。

我先向右轉再向左轉 90 度騰空躍步，調整步法、方位；雙拳掄起，向敵人上盤下擊。

動作三：

我雙拳先向前上方掤引；

再向腹前下沉引進（或採截來力）；（圖 456）

圖 456

再以雙拳向前上敵人胸部進擊。（圖457）

圖457

二、勁道注疏

左沖及下式右沖兩勢，充分體現以丹田內轉帶動四肢，邊引化邊擊打的化打技巧。上肢對來力，先掤後引化，先給後要，騰空調整步法方位，丹田內轉一圈，勁由蓄而後發，先掤化下採，再蓄勁向前上進擊，外形也是一個圈。以內帶外，充分體現「內不動，外不發」的整體螺旋勁。

三、單式訓練

結合下勢右沖，左右交替練習雙拳先掤化再進擊的圓形化打技法。可以跳躍震腳發勁。

第五十二式　右　沖

與上式方位相反，勁道相同，略。（圖 458、459）

第五十三式　倒　插

一、勁點剖析

此式兩個分解動作，至少含 6 個勁。

動作一：設敵人在我前方，以雙手抓按我雙臂、腕或肘，欲將我推出。

圖 458

圖 459

我胸右轉，開胸，雙拳由胸前，向左前下、右後上走分捌勁。（圖460）

同時拳捌肘合，含肘拿、肘擊之勁。（圖461）

圖460

圖461

動作二：敵按勁被我分捯勁化開。

1. 我乘勢左轉 90 度下沉，同時雙拳由雙順開變雙逆合，右拳向左下插以肘、拳進擊敵之胸腹部；左手上兜，與右手形成上下絞截合擊之勢。

2. 同時提右膝，撞擊其中盤。（圖 462）

3. 右腳向右前下落步，以右腳踩擊其下盤、根節。（圖 463）

圖 462　　　　　圖 463

二、勁道注疏

此勢體現乘勢忽開忽合勁力之變化，讓敵方感到變化莫測，即所謂「陰陽變化莫測」之術。敵方雙手向我中盤進擊，我先以分捯之術，將來力化開；然後乘敵對抗我的開勁而欲裏合之機，又忽變為左右拳上下合勁，加上提膝撞擊其中盤、腳蹬踢其下盤，左右上下四勁合一的勁道。

三、單式訓練

練習雙臂拳的忽開忽合勁，下加提膝進腳，左右上下合擊之勁。

第五十四式　海底翻花

第五十五式　掩手肱拳

以上 2 勢均同前，略。

第五十六式　奪二肱(一)

一、勁點剖析

3 個分解動作，至少含 12 個勁。

動作一：設敵人從我身後進左步，雙掌施按勁，向我背後襲擊時，我為下動作。

1. 我乘勢先略左轉，雙臂左下右上斜向捯開，加大掤勁，先求掤化，再準備引而後發。

2. 我快速右轉，右腳向右後掃絆敵之前腿。

3. 同時，右拳由逆變順，由上捯而下沉，迎擊其上盤、中盤。左拳先左下沉，再右上兜擊其肋、腹部。左右拳及右腳，形成上中下三盤同時並取。（圖 464～466）

圖 464

圖 465

圖 466

動作二：敵左腿後撤，欲變招時，我為下動作。

1.我快速提起右腳，再下跺其欲撤之腳；左拳右拳再逆順一圈、一開一合，蓄勁備發。（圖467）

動作三：敵退右腳，避開我下跺之腳時，我為下動作。

1.我右腳快速向敵人襠內插入，左腳蹉步跟進，頓步發勁，右拳及右小臂從左小臂下沉，捯擊其肋部、腹部。左拳與右拳相錯，收至腹前，與右拳形成對稱勁。（圖468）

圖467

圖468

2.或左手抓拿敵左
手臂，右拳、右小臂趁
勢擊打其左臂反關節，
或肋部、胸部、腹部。
（圖469）

圖469

二、勁道注疏

此勢充分體現了忽
開忽合、一引一進、化
打合一的太極勁道。雙
臂（拳）先向左側邊引
邊掤化來力，忽而右轉，雙臂（拳）由開變合，再由合而
開，下盤進腳掃擊和踩跺，形成上中下三盤同時並取之
勢。使對方防不勝防。

三、單式訓練

練習雙臂左轉開、右轉合，右轉開、左轉合，左右交
替練習，忽開忽合的化打結合勁。

第五十七式　奪二肱（二）

一、勁點剖析

2個分解動作，至少含10個勁。

動作一：敵人從我右前方進右步，雙拳施按勁擊我右
臂，或向我胸部擊來時，我為下動作。

1. 我乘勢先左轉，再右轉，雙臂（拳）先右上掤左下捋，接應來力，先開後合。

2. 同時，左腳提起先逆纏後蹬，再順纏向右走蓋步，踢蹬其下盤右膝、右小腿。（左腳先左後蹬，係為了加大右前擺踢的力量。）（圖470）

動作二：同奪二肱（一）之動作二、三。（圖471、472）

圖470

圖471

圖472

「勁道注疏」及「單式訓練」皆同上，略。

第五十八式　連珠炮

一、勁點剖析

3 個動作，雙拳交替連續纏繞引化、發放共 6 個勁（含 3 個引化回掛勁 3 個前沖勁）。

1. 左拳順纏沖擊，右拳引進。（圖 473）

2. 右拳逆纏沖出，左拳引進。（圖 474）

3. 左拳再次順纏沖擊，右拳再次引進。（圖 475）

圖 473

圖 474

圖 475

二、勁道注疏

3次沖拳，雙腕交錯，雙拳順逆3次向一個目標沖擊。雙拳擊出及收回，皆走螺旋勁，左拳順纏擊出，逆纏收回；右拳則是逆纏沖擊，順纏收回。邊擊邊掤化，邊進擊邊回掛。雙拳交替、連續，快速向敵人胸前進擊，做到迅雷不及掩耳之快速化打結合，一氣呵成。

三、單式訓練

反覆練習此勢雙拳快速螺旋進擊與回掛，化打結合、邊沖邊掛技法。同時，要做到目標準確，雙拳擊打一個點，而不丟纏絲勁。

第五十九式　玉女穿梭

一、勁點剖析

此勢在動之中至少含8個勁。

1. 設我沖出之左拳被敵抓住，欲施採勁。我左拳收回，右拳擊出。（圖476、477）

2. 沖出右拳時，同時提右膝，踢右腳，跨右步，轉體180°過程中，含左右肩靠、背靠、胯打、腳踢等五種勁。

3. 此勢又含以沖右拳領勁、走周身螺旋進擊法、沖出重圍之技法。陳老師稱：「此乃變式大撞脫身法。」

4. 轉過身來，雙拳下採，再向前上沖擊。含有雙拳向敵人頭部、胸部、背部採擊之勁。（圖478、479）

圖 476

圖 477

圖 478

圖 479

二、勁道注疏

此勢與下勢「回頭當門炮」連接起來，有一路「玉女穿梭」與二路「左沖、右沖」結合起來的技擊含義。既含有轉體衝出重圍之意，又含有快速翻躍至敵人身後進擊之意。

三、單式訓練

練習快速轉體衝出包圍、回身進擊敵人的立體螺旋化打之術。

第六十式　回頭當門炮

第六十一式　玉女穿梭

第六十二式　回頭當六炮

以上 3 式，其動作及技擊內含皆同前「玉女穿梭」與「左沖」、「右沖」相結合之含義，略。

第六十三式　撇身捶

同第十四式，略。（圖 480、481）

圖 480

圖 481

第六十四式　拗鸞肘

一、勁點剖析

5 個動作，至少含 12 個勁。

動作一：接「撇身捶」。設敵人從我左前方以右掌管我左肘、左手管我左腕，加大按勁，欲將我向右後推出跌倒時，我為下動作。（圖 482）

我先左前掤，再右裏下攦化，使敵人推按勁落空。（圖 483）

圖 482

圖 483

動作二：接上動作。設敵人因我先掤後攦而失勢身體前傾時，我為下動作。

1.我迅速左轉150度，我左臂向左橫挒，挒擊敵人之中盤，或頭部。

2.同時，開右胸，右肘準備進擊。

動作三：

1.接上動作，我左手向左外挒擊敵人左臂，使敵身體被迫左傾，而且展露出左肋、胸；此時，我快速再左轉90度，提右腳以右膝擊其左胯，以右肘擊其左肋、胸，或左後腰，或擊其左肘反關節。震腳發右肘橫擊勁和左手裏合勁。（圖484～486）

動作四：設另一敵人，以雙手按我右臂肘，向我左後方推擊時，我為下動作。

1.我乘勢先略右轉，再左轉，左手與右臂先向右加大掤勁，再向左上方掤化來力，使敵人按勁落空，並且使胸部露出空間。

圖484

圖 485

圖 486

2.右膝上提，可撞擊其襠部、腹部。（圖 487、488）

動作五：

1.我乘勢右腿逆纏上步，腳插入敵人襠內。

2.同時，左手與右小臂合勁，以右肘向敵人胸、腹、肋部橫擊。（圖 489、490）

圖 487

圖 488

圖 489

圖 490

3.同時，左腳跟步、頓步，以助上肢發勁。

二、勁道注疏

此勢與以下之順鸞肘、穿心肘，三式皆為肘法鍛鍊。陳式太極拳把肘擊勁、膝撞勁，稱為「重型武器」。拳論有云：「遠使手，近使肘，貼身靠打情不留。」又云：「掌輕、拳重、肘要命」，「寧挨十手，不挨一肘」。都說明肘勁在實戰中的威力。陳照奎老師所傳的傳統陳式太極拳中，肘勁豐富，請讀者細細體悟。

例如：金剛搗碓中的迎門肘、採肘；六封四閉、井纜直入等式中的挑肘；掩手肱拳、退步壓肘等式中的捲肘、採肘；以及起勢等勢中的合肘、掤肘，肘拿法……等等。肘法非常豐富，結合此處 3 種肘法，加上種種肘膝相合的擊法，請大家從中仔細體悟肘法之妙用。

三、單式訓練

結合下列 2 種肘法，認真練習 3 種肘法。

第六十五式　順鸞肘

圖 491～494。

第六十六式　穿心肘

此二勢，皆與第六十四式拗鸞肘動作之四、五大同小異，只是出肘勁時擊打的部位不同。順鸞肘，主要是對付

圖 491

圖 492

圖 493

圖 494

身後摟抱我的敵人，向身後左右兩側發肘勁（以右肘為主，左肘為賓）；穿心肘，則係向我右側之敵胸部發自下而偏上的肘勁。故略。（圖495—497）

圖 495

圖 496

圖 497

第六十七式　窩裏炮（又稱窩底炮）

一、勁點剖析

2 個分解動作，至少含 8 個勁。

動作一：設敵人上右步、提左腳，向我右側蹬擊或踢來時，我為下動作。

1. 我乘勢快速左腳向左後撤一大步，右臂右拳先向右前上掤，再向左前下沉，引化與採擊敵人進攻之左腿。（圖 498、499）

圖 498

圖 499

2.同時，右腳也後撤一步（欲進先退）。

動作二：

1.敵進攻之左腿失勢落空，身前傾，趁勢，我右腿向右側上一大步，套住敵人左腿，同時右拳自左下向右上外掄出，向敵人胸部、頭部施捌勁擊出。左拳左臂向左後下採。含有右挑左採的槓杆勁。（圖500）

圖500

2.左腿跟步，頓步，以助右拳右臂之右上捌勁。

3.其中還含有右肩靠勁。

4.下盤右膝裏扣，上盤右臂外捌，用摔勁。

二、勁道注疏

此勢技擊含義有兩種用法：

1.類似撇身捶，先後撤引進，再上步向右外、上方捌擊；

2.兜擊法，又稱「挎肘」。即我左手抓拿敵右手腕，將其引直，而右臂右拳沉到敵右臂肘關節下方，再向右上兜捌，左手下沉，雙臂形成一種槓杆勁，猛兜時可能其右臂被兜斷。故不可輕試。上下相合，又可走捽法。

三、單式訓練

練習左下採右上捌的雙臂槓杆擊打勁。右臂先下沉引化，再行挑捌，雙臂先合後開，形成左右斜向對稱的分捌勁。

第六十八式　井纜直入

第六十九式　鳳掃梅花

第七十式　金剛搗碓

第七十一式　收　勢

以上均同前，略。

註：此書稿係根據 1974、1975 年先師陳照奎在鄭州兩次給我一個人秘授「拆拳講勁」時的記錄，及他 1977、1979、1980 年三次在石家莊我家中居住期間，給我改拳兼講勁道時的記錄整理而成。2004 年 7 月 5 日初稿，2005 年 5 月、8 月、10 月 3 次修訂，2006 年元月 15 日定稿。2007 年配照片付印。

附　錄

陳長興正宗拳架傳真

——一代宗師陳照奎的重大貢獻

馬　虹

一、求真溯源，名副其實一代宗師

根據可靠的考證資料，證明中國的太極拳始於明末清初，為河南溫縣陳家溝人陳王廷創編。陳王廷（1600—1680），文武兼備，他參閱了明代戚繼光（1528—1587）軍事專著《紀效新書》中《拳經》，以及民間拳術的精華，研究了道家的《黃庭經》等養生專著，以中國傳統哲學《周易》的太極陰陽學說為拳理依據，而創編了這一獨具特色的太極拳。

其拳架吸取了《拳經》32 式中的 29 個拳式，以及民間流行的若干拳式。其內功又吸取了道家《黃庭經》中的丹功精華（「黃庭」即丹田的異名）。拳理則處處講陰陽相濟、陰陽互包、陰陽互根、陰陽平衡、陰陽折疊等等哲理，其運動過程，又處處強調陰陽變化的螺旋（纏絲）形式。

故拳以哲學名詞「太極」二字為名。拳者，武術也。太極拳者即以傳統哲理為統帥的武術也。由於其中含有道

家的吐納、導引、丹田帶動等養生真訣，故它又是養生、護身、修性合而為一體的高級功法。

陳氏太極拳發展至今，已有三百多年歷史。從陳玉廷（陳氏家族第九世，太極拳第一代）嫡傳至十四世、太極拳第六代傳人陳長興（1771─1853），拳架才定型為頭套、二套兩套。即當代傳統大架太極拳的第一路和第二路（炮捶）。從陳長興這一代起才傳給外姓人氏，出現諸如楊式、武式、吳式、孫式等等流派。

時至 20 世紀，陳長興的曾孫陳氏第十七世、太極拳第九代宗師陳發科（1887─1957）從 1928 年離開陳家溝赴北京傳拳，直到 1957 年去世，30 年一直住在北京傳授家傳的老架、大架、低架傳統拳一路（83 式）二路（71 式）。北京武術界尊為正宗太極大師，並贈金盾題曰「太極一人」。

其子陳照奎（1928─1981）一直跟隨其父身邊，7 歲時即隨父習拳，20 年如一日，每天 10～20 遍拳，而且其父嚴格要求他在家中認真練家傳的低架。這種低架拳比較難練，但易出功夫。

陳照奎不僅練拳刻苦、認真，而且由於他教育素質較高（志成中學畢業）理解能力好，所以他在拳架、拳理、拳法上繼承全面而紮實，並對拳譜進行了大量整理工作。因此，大家公認陳發科、陳照奎父子為 20 世紀陳氏太極拳的名副其實的兩代宗師。

由於陳發科、陳照奎父子兩代宗師從 1928 年離開陳家溝 50 多年一直都在北京傳拳，老家由陳發科之侄陳照丕退休後回村傳授此拳。由於陳發科、陳照丕叔侄長期一在北

京，一在南京，30 年不在一起，拳架難免會有些變化。故陳照丕 1972 年去世後，陳家溝有的人看到陳照奎回鄉練的正宗拳架卻感到有些新鮮，同時又想標榜自己練的才是正宗，故把陳發科、陳照奎傳的拳架稱之為「新架」。

陳照奎老師在世時對此非常反感。他 1979 年在石家莊時曾說：「這種說法是不對的。我五哥陳照丕當年也是跟我父親學的拳嘛。都是陳長興公一脈相傳的拳架嘛！」1980 年陳老師在焦作時，他也說過：「怎麼能說我父親傳的叫新架，我們練的這才是我們家傳的真正傳統老架。」（見程進才《憶陳照奎大師生平》一文）

又據上海陳氏太極拳協會會長萬文德師兄 1981 年在陳家溝考察時，陳家溝太極拳學校教務長、老拳師陳伯先生講：「什麼老架新架，所謂新架（83 式、71 式）才是老架。」1998 年，本人到西安看望陳立清大姐（時年 80 歲）時，談及此事，她說：「當代陳家溝太極拳只有大架小架之分，大架都是我三爺陳發科傳的，不知什麼人又把大架分為新架、老架?!」

又據《陳式太極拳精義》一書記載，當 1965 年陳照奎老師回鄉打拳時，村中有些年輕人議論紛紛，說什麼「怎麼都變樣啦！」而村裏德高望重的拳師王彥、陳照丕、陳克忠、陳茂森四位老人都互送眼神點頭稱讚陳照奎的拳。最後，陳茂森說那些年輕人：「你們懂什麼，這才是我們老陳家傳下來的最寶貴的東西。」

另外，還有人說因為陳發科拳譜中新增了「雙推掌」、「三換拳」、「中盤」等拳式，所以叫做「新架」。這又是無稽之談。

　　根據陳發科青年時代在陳家溝時的好友朱瑞川先生（當時二人經常在一起練拳）後來在四川成都一帶所傳的拳架與陳發科晚年在北京傳拳架完全一樣。再據王西安先生著《陳式太極拳老架》一書中所附錄的《陳家溝太極拳老拳譜》中所介紹的拳式名稱中，也有「雙推掌」、「三換掌」等拳式。陳長興的徒弟楊露禪傳的拳架中的「斜飛式」，正是陳發科傳的掌架中「中盤」的定式。怎麼能說是陳發科晚年新加的呢？

　　其實，陳照丕先生所傳的拳架與陳發科公在北京所傳的拳架，其套路編排，基本上是相同的，由於叔侄二人30年不在一起，拳架細節難免有些變化，略有繁簡、精粗之分。我認為陳照丕、陳照奎兩位老師所傳的拳都是陳長興一脈傳承的大架、老架、傳統正宗拳架，應該多求同，少求異，取長補短，團結合作，共同提高。

　　陳家溝的朱天才先生講了一句比較客觀的話，他說：「陳照奎先生傳的拳架，動作更細膩，手法更多，發勁更猛，技擊方法更加明顯，技術更加全面。」（《武魂》1990年第5期）

　　因此，1958年人民體育出版社出版《陳式太極拳》一書時，才決定了以陳發科、陳照奎父子所傳的套路為標準，譜寫此書，以弘揚正宗傳統拳。

　　到1963年最後由沈家楨、顧留馨二人編著，陳照奎演示的《陳式太極拳》出版，陳長興所傳套路（一、二路）才有了第一本文字拳譜。所以，陳照奎老師所傳的一路（83式）二路（71式），才是傳統陳氏太極拳的正宗拳譜。這是不容懷疑的。

　　總之，如果把大架陳氏太極拳的發展分做四個發展階段，可以說陳王廷是陳氏太極拳的創始人，陳長興是整理為頭套、二套拳的奠基人，也是傳向外姓人的一代宗師，那麼，陳發科則是走向溝外、把家傳正宗拳架傳至北京的一代宗師。而陳照奎則是將家傳正宗拳架傳向全國、推向世界的一代宗師。

二、文武兼備，規範拳譜傳承眞諦

　　作家余秋雨先生講過兩句話：「不論你在專業領域的成就有多大，最終決定你地位和尊嚴的還是你的文化素養。」以這句話觀察太極拳歷代宗師的貢獻，也是完全正確的。太極拳的文化內涵十分豐富，所以，人們稱它為「文化拳」。因此，陳家歷代貢獻最大的傳人，大都是文化素養較高的。

　　例如，太極拳的創始人陳王廷可謂文武兼備，從而創編了這一文化瑰寶——太極拳。

　　太極拳第六代傳人陳長興也是文武兼備，從而系統整編了太極拳譜（歸納為頭套、二套）並留下了《太極拳十大要論》、《用武要言》等拳理論著。

　　太極拳第八代傳人陳鑫文化素養高，從而留下了《陳氏太極拳圖說》這部系統闡述太極拳理拳法的珍貴傳世之作。

　　陳氏太極拳傳至第十代，一代宗師陳照奎老師，又是一位文武兼備、文化素養較高的傳人。他不僅武功基礎好，而且文化水準高，他看書多（包括武術典籍及現代科學、人體力學等書籍），寫一筆好字，1977 年至 1979 年

兩年間，他給我寄了若干親手撰寫的包括技擊含義的內部函授資料與解答問題的信件。這些珍貴的親授資料，加上他在北京、鄭州、石家莊歷次授課、拆拳的詳細記錄，可謂陳照奎宗師所留給人間的又是一部傳統陳氏太極拳體用兼備的最珍貴的拳譜。

陳照奎老師不僅拳理拳法講得透徹，給人們留下了一套精細完整的拳譜，而且在傳授教學方法上有許多獨特而效率極高的方法。我從小學到大學，遇到過幾十位老師，但在教學方法上，我最佩服的還是陳照奎老師。由於他拳理拳法繼承得好，文化修養好，所以他授拳講課水準高。他特別注意理論與實踐相結合，集體傳授與單兵教練相結合，他本人反覆示範與嚴格要求學生相結合。

例如，在鄭州授拳時，每天晚 7～10 點，3 小時講授一個拳式，一個拳式分解為六七個動作不等。每次上課，第 1 小時老師自己邊示範邊講解其動作要領和陰陽哲理。像在課堂聽老師講課一樣。先不讓你活動，專心聽、專心看，可以記筆記。目的是讓學員先有一個整體印象和一個概括的理性認識；第 2 小時，老師帶領 6 名學員一個動作一個動作地分節教練，這一次讓學員動了，他邊領練，邊講解，他很辛苦；第 3 小時，即進行「單兵教練」，一個人一個人，一個動作一個動作地指教。一個動作達不到要求，過不了關，就要幾十遍地指教。

老師分解每個式子非常細緻。每個式子的每一個動作，都要從八九個方面進行講解。例如《懶紮衣》一式，分為 6 個分解動作，每個動作又提出八九個方面的姿勢要求及動作要領，如這一動作胸腰的旋轉方向、角度；重心

的左右變換；腿膝和上肢的順逆纏法；步型、手型的要求；眼看何方，耳聽何方，呼吸吐納，非常精細。同時，他所講到的一定要學員做到。不過老師一方面對學生要求非常嚴格，另一方面自己也能以身作則。你多少次練習達不到要求，老師也多少次給你做示範。所以，當時十冬臘月人們都穿著秋衣，有的穿背心。秋衣都被汗水濕透。我們身上有多少汗，老師身上有多少汗。

老師教拳的表達藝術也是相當高的。比如一次在北京他家中給我講輕沉兼備、虛實開合、快慢相間與螺旋（纏絲）勁的關係時邊做示範，邊講解說：「開，不是掰開的開，而是在螺旋中的開，如『掩手肱捶』第一動作；快，不是直來直去的快，而是螺旋中的快，如『連珠炮』的拳法；沉，同樣是螺旋中的沉，如『懶紮衣』的最後一動……」連說帶做，三言兩語，抓住要害，給人印象極深。這樣的教學效果再加上老師講課的記錄，這套拳練到自己身上就不會走樣。正如古人所云：「師嚴而道尊」。

從此可見，正是因為陳照奎老師既有紮實的武術功夫，又有較高的文化素養，他才能完整地繼承，科學地闡述，原原本本地傳給後人這套完整而正宗的拳架。

三、拆拳講勁，揭示本質授以精髓

太極拳的本質是武術，武術的精髓又在懂勁。所以拳論云：「拳法之妙，在於運勁。」王宗岳也講過：「懂勁而後，方可階及神明。」所以，懂勁是精通此拳的關鍵環節。你只有把規矩的外形與精細的內勁，融會貫通，使二者完美統一之後方可以達到較高的境界。

　　但是，拆拳講勁又是歷來一般拳師往往不肯輕易外傳的「看家秘笈」。有的拳師則是他自己並未精通每個動作內含有的各種勁點、勁路及勁力結構，也就不能進行拆拳講勁。

　　「尊師為問學之本」。「文革」十年動亂期間，基於我同恩師陳照奎先生患難與共的特殊機緣，以及師徒之間的深厚情誼，有幸贏得先師的信任和厚愛，向我個別秘授了這門「拆拳講勁」的重要課程。

　　1974～1975 兩年的冬天，我在鄭州跟老師進一步學習一、二路拳。當時，河南鄭州幾位師兄弟白天都上班，晚上 7～10 點老師才上課。我與老師商定我交雙份學費，請老師每天上午 9—11 點閉門謝客給我一個人拆拳。1974 年冬天兩個月拆一路，1975 年冬天兩個月拆二路。1977 年、1979 年、1980 年三個春天老師在石家莊我家中居住給我改拳時，又進一步拆講每個拳式每個動作的若干勁點和勁道（含勁點所在、勁點變化、及勁路走向和勁力結構等內涵）。

　　經過上述 5 次「拆拳講勁」，使我對此拳頓然大悟。原來陳家創編此拳時每個拳式都是從敵我雙方實戰中總結出來的、化打合一的戰略戰術及其手法技巧。每個拳式、每個動作都是以實戰的總結為依據，不是隨意創編的。心中頓然感到「妙！妙！妙！」此時，才感到認識到這套拳的真諦和精髓。從而，每次打拳時都會想到：假設敵在何方？他出何手、何足、用何勁向我何處進擊？我以何種手法、步法、身法，以及眼法對應？

　　在練習每個拳式，每個動作中，都要細細體悟勁點在

何部位？是在指尖？掌根？腕背？虎口？還是在走肘勁？肩靠？胯打？出步時想到是插？是套？是蹬、踢、擺、扣……等等。同時，眼神、呼吸、以及胸腰旋轉開合等等如何配合，都要想到。在運勁技巧上，又想到這個動作是引化？是進擊？還是上引下進？還是下引上進？是先給後要，還是先要後給的折疊勁？以及每個動作中周身勁力結構等等。

　　例如，老師講解「金剛搗碓」時分解出 25 個勁。老師講解「野馬分鬃」定式時，左手先前下插再向上挑、再向左外捌；同時，開右胸走胸靠，右手下踩走右下捌勁；左弓蹬步，左腳為支撐力點，右腳為施力點，丹田為總樞紐；右腳後蹬的反作用力與左手插、挑捌的作用力如何節節貫穿……等等，一系列的勁力變化，講得一清二楚。從而使我把老師講的動作規矩和要領，與內在的逐個勁道，完全結合起來，統一起來。打拳時再以此不斷認真體悟，真是味道濃厚，趣味無窮，再結合練練推手和功力訓練，以及單式訓練，功夫上身非常之快。

　　從此，我才體會到「拳法之妙，在於運勁」這句真理的味道。並且從中認識到「拆拳講勁」才是徹悟此拳的關鍵階段，同時，由此可以看出陳照奎老師既是文武兼備，又是理法精通的一代宗師，一代明師。

四、家傳低架，濟世法寶時代珍品

　　陳照奎老師傳給我們的是一套傳統低架太極拳。幾十年來本人在演練和傳授過程中，這種低架拳不僅有應敵防身的武術價值（「隨屈就伸，隨高就低」），而且有其獨

特的健身效果，不但本人受益匪淺，而且越來越受到廣大學員的稱讚。從而聯想到一句古話：「神仙留下健身方，開襠下胯最為良。」又聯想到「形意拳」古拳論中的《地龍經》，以及楊班侯等著名拳師早年提倡在方桌底下打拳練低架的傳說。

還有一本臺灣出版的楊氏古拳譜中，有一條提倡「三條直線」（上身上下一條直線，小腿立直一條直線，大腿放平一要平行直線）的練法。都使我認識到陳氏低架太極拳的正宗性及其練功、健體的寶貴價值。

拳走低勢，再結合周身處處走螺旋纏絲勁、結合丹田帶動、節節貫穿、周身一家、非常協調的整體動作，結合剛柔相濟、腹式呼吸等等特殊而科學的訓練方法，其內涵充實，其造型美觀，其健身效果非常突出。

我的學員中，不計其數健身效果「捷報」頻頻傳來。許多高血壓、高血脂降下來了，肥胖症的不用吃藥，體質正常了。性功能衰退的又康復了。小腿靜脈曲張者走路正常了。美尼爾氏症、無脈症、心臟病、脈管炎以及血吸蟲後遺症者、乃至滿臉雀斑的患者症狀都消失了。（以上均有實例）珠海李金水說：「過去我打了多年高架子 X 氏太極拳，打拳腿不疼，上樓腿疼；現在學了陳照奎老師這套低架拳，開始學拳有點腿疼，上樓腿不疼了！」

從上述實際情況看，陳照奎老師這套真傳低勢太極拳，可謂濟世法寶，時代珍品。為什麼說它是「時代珍品」呢？因為它非常適應當今科技經濟高度發展的新時代的需要。當今，工作節奏加快，人們腦力活動量不斷加大，精神緊張，心理壓力加大，下肢活動量越來越小，處

理工作坐下來操作電腦，出門坐汽車，上樓有電梯，爬山旅遊也是坐纜車……，人們迫切需要一套加強身心平衡、上下平衡、加大下盤運動量的整體性的體育運動。所以，有人說這套低勢太極拳，才是健身的「時代珍品」。

馬來西亞的學員顏永義，練拳後高興地說：「我花多多的錢，可以買一個最高級的床，但花再多的錢，也買不到一個安穩的睡。過去經常失眠無奈。練了這套拳，卻換來了一個安穩的睡。」

由此可見，陳照奎老師傳授的這套低架太極拳，給當代世人留下了一筆寶貴財富。——因為越來越多的人已經認識到人生最大的財富是健康。

這套低勢拳架，不僅僅是強調拳走低架，它還有許多優越的鍛鍊特徵及其獨特的功效。例如：

（一）它的拳理充滿陰陽相濟的辯證法，不僅使你把拳練得處處力求動作和諧、穩態平衡，而且由處處講求自然、入靜、放鬆，對稱和諧，能化解、能包容，對為人處世、養性修德，也有特殊的潛移默化的作用。

（許多學員，如常州的徐生，山西的周戊丁，遼寧的鐘凌基等學員，經由練拳，性格有明顯的好轉，受到家庭社會的好評。）

（二）它的拳法體現武術本質，處處講求剛柔相濟，化打合一，鬆活彈抖，快慢相間，靈活多變的技擊鍛鍊，不僅有一定的護身價值，還使你增強意想不到的種種應變能力。例如：煙臺高建國、廣西羅旭強、廣州譚啟惠、廣西的周寧、湛江的蘇道生等學員見義勇為的事蹟，以及本人 2000 年一場車禍中的應變能力……。都說明了這套拳的

護身應變功能。

（三）它是最佳有氧代謝運動。大家知道當代世界上提倡的最佳運動方式是有氧代謝運動。也可能是一種巧合，似乎太極拳創始人有先見之明。我們練的陳照奎老師傳的這套拳，其鍛鍊要領與有氧代謝運動的要求幾乎完全一致。大家知道，有氧代謝運動主要有以下 6 個特徵：

1. 強度較低，耐力強；

2. 大肌肉群、大骨節參與運動明顯；

3. 持續時間較長（至少 14～15 分鐘）；

4. 有節奏；

5. 不中斷；

6. 氣不喘。

請大家觀察，陳照奎老師傳的這套拳（特別是一路 83 式），完全符合上述 6 個方面的要求。走低架，肯定會加大大腿、小腿及腰胯等大肌肉群及大骨節的運動量；一路拳我們一般在 14～15 分鐘完成，而且虛實倒換、有快有慢，從而加大耐力訓練。陳氏太極拳有剛有柔，又有節奏，又要連綿不斷，節節貫穿，最後「汗流而不氣喘」。它可謂名副其實的最佳有氧代謝運動。

所以，我們說陳照奎老師一生的巨大貢獻，是給人們原原本本地留下了一代宗師陳長興所整理傳承下來的這套濟世法寶和時代珍品——頭套、二套正宗傳統陳氏太極拳。可惜，我的老師過早就離開了人間，但是，他自己短促的一生，卻給世人留下了一部長壽的經典；他坎坷的一生，卻給世人們繪出了一條邁向幸福的大道；他光輝的一生，給世界留下了一部濟世法寶和時代珍品。恩師不愧為

傳統太極拳的一代宗師。

　　當然，也有許多人感到學習這套拳太難。但是，世界上往往是越難以獲得的好東西，越是珍貴。古人云：「凡事之所貴，必貴其難。」如果你把它看做一門「人生必修課」，看做一門學問，知難而進，像堅持學習一門代數、幾何或其他一門科學課程一樣，為了終生受益，「難」字也就丟掉一邊了。正是：「參從夢覺癡心好，歷盡艱難樂境多。」

　　總之，只要我們這一代人不怕吃苦，不怕流汗，專一、認真、堅持，忠誠地繼承，潛心地鑽研，熱情地傳播，我們相信：陳照奎老師傳給我們的這套珍貴的陳長興正宗拳架，一定會弘揚四海，在全世界大放異彩，造福人民千秋萬代。

原載 2004 年 7 月《武林》

試論懂勁

──2002 年 5 月 5 日在石家莊陳氏太極拳研究會

第十一屆年會上的講座

馬　虹

　　關於修練太極拳的系列功夫，1999 年我在北京全國第十期培訓班上已做過一次講座（見《陳式太極拳體用圖解》‧《試論太極拳修練工程》一文）。當時，我講了六個方面的內涵：規矩、明理、知法、懂勁、功力、神韻。而這六個內涵中，我認為懂勁是整個修練過程中一個關鍵環節。所以，今天我想著重講關於懂勁的問題。

　　「拳法之妙，在於運勁。」練拳不懂每個拳式、每個動作的勁力內含及其變化，永遠是花架子、空架子。雖也有一定的健身價值，但缺乏護身功能。即使你只想練拳養生健體，不打算研究技擊，其健身效果和應變能力（健康的主要標誌）也要差。我們這套拳的每個拳式都有其技擊含義，它不僅外形要規矩、要飽滿，而且由勁要充實，從而使它不僅具有健身、怡身價值，而且具有護身技擊和應變功能。特別是恩師陳照奎給我秘授「拆拳講勁」之後，我才頓悟此拳的精華所在，神髓所在。從而使我認識到懂勁是修練此拳的關鍵環節。因此，我們必須下功夫弄清此拳每個動作、每個拳式的勁道及其變化。

今天，我想從以下 6 個方面說明關於懂勁的意義和途徑，供大家參考。講得不對的地方，請大家指正。

一、學點人體力學的基本知識，走出「用意不用力」的誤區。

長期以來，太極拳界流行一句話：打太極拳「用意不用力」。去年在海南三亞舉辦的首屆世界健康大會上，有人在大講「練太極拳不許用力」；也有人在文字上兜圈子，說什麼「打拳不許用力，但可以用勁兒」；還有人講什麼「根本就沒有所謂太極勁」等等。

那麼，打太極拳到底用力不用力？我們首先要弄清什麼是力。

在漢語裏《辭海》、《詞源》等語言典籍都說明力和勁是同義詞，雖然在使用上有時有所差別，但詞義內涵基本是一致的。

什麼是力？恩格斯講得最簡潔，他說：「從靜止到運動，就是力的表現。」

《人體力學》告訴我們：「力，就是物體之間的相互作用，這種作用，使物體改變運動狀態，或發生變形，都是力的作用。」

太極拳，就是透過一種運動，改善和調整人體機能的狀態，從而促使肌體健康。你不能否認太極拳是一種運動吧？運動就是力的表現。怎麼說它：「不許用力」？所以，不承認這一力學觀點，就是不尊重科學。打拳「用意不用力」這句話不準確。我的老師陳照奎先生，針對這種論點就說過：「哪裏有不用力的武術？」

　　人體力學還告訴我們「力的產生是成對的」。即作用力與反作用力。構成力的三要素是：「力的大小、用力方向、力的作用點。」太極拳中，所有動作，也都離不開上述一些力學觀點。

　　比如，我們修練的這套陳氏太極拳裏的蹉步、頓步、震腳等動作，都是我作用力於大地，而借地之反作用力的措施。推手，我給對方一個勁（作用力）再借用對方的反彈力（反作用力），即所謂借力打力。這都是作用力與反作用力的表現。拳中順逆螺旋力正是力學中的力偶原理，太極拳中的掤勁、彈抖勁，正是力學中的彈性力。左托右採（野馬分鬃等）又是力學中的槓杆力。拳論云：「左重則左虛，而右已去。」以及兩人交手時，「先要後給」，或「先給後要」等等折疊勁，都是借對方之作用力或反作用力的技巧。即以其人之力，還制其人之身。即《拳論》中講的「順人之勢，借人之力，接人之勁，待人以巧。」對付對方的來力。

　　何謂「四兩撥千斤」？武澄清講得好：「合即撥也」。強調我力與來力先合之，再稍改變其角度而撥之，即可使其落空。這又是力學中的合力原理的運用。

　　關於用力（勁）問題，歷代太極拳家均有所論述。諸如：王宗岳講：「雖然變化萬端，而理唯一貫，由著熟而所悟懂勁，由懂勁而階及神明。然非用力之久，不能豁然貫通焉。」

　　武禹襄講：「每一動，唯手先著力，始而意動，繼而勁動。」

　　李亦畬《撒放密訣》：「擎起彼身借彼力，引到身前

勁始蓄。鬆開我勁勿使屈，放時腰腳認端的。」充分體現了我本身以作用力於大地，而借地之力，同時借對方之反彈力而發放對方的道理。

陳長興公講：「千變萬化，無往非勁。」

陳照奎老師講：「太極拳的本質是武術，哪裏有不用力的武術？」他又講，技擊「力量占七分，技巧占三分。」

由此可見，不論從現代科學——力學的角度解釋，還是從歷代太極拳學家的論述來分析，太極拳肯定要用力。關鍵是太極拳使用什麼樣的力。我領會前人講述「不用力」的含義，應該是不用拙力、蠻力、硬力、笨力，以及單擺浮擱的局部力。因此，我們面臨的課題是研究太極拳應該用什麼樣的力，其用力（勁）的特徵和技巧是什麼。

二、根據太極拳的戰略思想，把握太極拳 勁力的基本特徵

首先，要弄清太極拳的戰略思想。

太極拳是武術，一種應敵術。但又不同於一般武術，它有豐富的文化內涵，主張不主動侵犯他人，即「彼不動，己不動」。正像陳鑫公所說：「我守我疆，不卑不亢」。即「人不犯我，我不犯人」。這是練太極拳的原則問題。練太極拳的人，應該是一身浩然正氣，寬仁貴和。可是敵人向我主動進攻時，怎麼辦？上策是能容能化，力求化解來力，使其落空。運用折疊勁，做到「來之歡迎，去之歡送」。盡量做到「以其人之力，還制其人之身」。即所謂「借力打力」，也就是借對方的作用力，或反作用

力，而使來力落空或使他失去平衡。力求化敵為友。為此，太極拳用勁的策略有以下要領：

（一）要善於聽勁

憑觸覺、視覺來判斷對方進攻的勁別、勁路、方向、勁點。以提高自己的靈敏度。

（二）要善於引化

首先要能容（含胸塌腰和大攦就是練加大容量），能忍，氣能沉下去，腰胯能塌下去，從而「沾連黏隨」，「不丟、不頂」，「捨己從人」，「引進落空」。

（三）要能合

五指及一切接觸點，都要合到對方身上。合而後順勢發之，合而後撥之。即將己力與彼力合而為一，再順其勢，借其力，對來力稍加撥之，以改變來力方向角度，使之落空。從而以小力勝大力，「四兩撥千斤」。

（四）要善於借力

一是順勢借力；二是造勢借力，又叫「打回勁」。我的老師陳照奎先生舉了兩個很形象的例子，一叫「蕩秋千」，二叫「拍皮球」。「蕩秋千」就是在秋千蕩到最高處要往回落時，順著它的力量，再給它加一把力量，使秋千蕩得更遠更高，這叫順勢借力；「拍皮球」就是拍球時，在球彈到一定高度下沉時，再給它加一拍勁，球會反彈得更高，這叫造勢借力。這點，在推手時體現較充分。比如，雙方交手時，為了試試對方的力量，我先給他一點力，按人的本能，對方肯定要頂抗，我先給他一點勁，把他的勁逗起來，然後，再借對方的反作用力，由左右螺旋式的力偶把勁還到對方身上去，或使之落空。這就是「擎

起彼身借彼力」。又叫折疊勁。

在練拳中必須把握太極拳這些用勁的策略。為此，平時打拳必須注意以下幾個方面的修練：

1. **要放鬆**。我的老師講拳時要求，打拳的全過程，要百分之百地放鬆，周身節節放鬆，鬆到手指肚。只有放鬆，全身才能圓活、靈敏以體現整體作業。化解對方時，才能四面八方轉動，發勁時，才能節節暢通，發則迅雷不及掩耳。而且便於整體力量集中於一點。

2. **加大掤勁（即力學中的彈性勁）**。在放鬆的基礎上將精氣神高度集中，做到「筋骨要鬆，皮毛要攻」。在放鬆的基礎上，體現一種韌性的、彈性的柔韌勁。使周身處處都有「警戒線」。發勁則鬆活彈抖。

3. **充分運用纏絲勁**。螺旋纏繞，沾連黏隨。這是太極拳用勁的精華。如推手中的挽花，就是練纏絲勁、螺旋勁。「虛籠詐誘，只為一轉」。在纏繞中借力發力。

4. **練習能容**。要做到最大限度的容量，加大引化空間。如推手練習大攦，含胸塌腰，多練低架子，加大周身的容量，讓對方來力落空。即所謂：「來多少要多少，一點也不多要」。讓對方接觸您時，感覺你渾身上下像個膨脹的球，處處有張力，感到你周身處處都是「球切線」。同時，又感到你處處都是空的，出勁處處落空。

5. **做到身法中正圓活**。打拳過程中，要求式式立身中正，左右旋轉，不出自己方圓。好像在球內打拳。全身上中下盤形成一個球，胸腰形成一個立體螺旋的軸，讓對方接觸到你身體時每處都是球切線。打你使不上勁，你反而能化掉對方的來力。

6. **懂折疊**。就是一開一合、一伸一聚、一左一右、一收一放、一縱一橫、一上一下、忽前忽後、忽順忽逆的運勁方法。如單鞭接第二金剛搗碓，第一個動作中，就有左掤、右上擺，下按、左發四個左右往復折疊勁。加上左膝裏扣，共五個勁。

7. **掌握隨遇平衡**。注意虛實倒換，重視自身平衡。如雙方交戰時，「不在一城一池之得失」，而在乎整個戰役的勝與負。太極拳講求在雙方交手時，「不重視一拳一腳」，而在乎最終誰失去了平衡。所以，打拳時，時時處處注意身體保持平衡態，而推手時則千方百計破壞對方平衡，千方百計維護自身的平衡。

8. **鍛鍊整體勁**。就是要將人體各部位之間協調統一，意氣力、精氣神統一，以丹田帶動，使之周身一家，將全身力量集中於一點；這樣的發力才會有集中於一點的鬆活彈抖勁。

9. **練習化打合一**。有時是邊化邊打，有時是上引下進，左引右進（如《懶紮衣》動作三），右手引左手左腳上下進，有時先化後發（如《金剛搗碓》動作四、五）。

以上都是由太極拳的戰略思想所決定的一些用勁的特徵。

三、以陰陽相濟的傳統哲理，掌握太極拳 用勁的規律

陰陽相濟是我國古代傳統的哲理，即以和諧為核心的陰陽辯證法。這也是太極拳的最高指導理論原則。所以，王宗岳講：「陰陽相濟，方為懂勁。」因此，打太極拳的

人，還要學點傳統哲學。中國一句古話叫「萬物正反相生」。所以，人的一生事事處處都離不開陰陽，人的肌體、五臟六腑都有陰陽之分，健康的關鍵是協調陰陽平衡，保持一種穩態。人與自然、人和人之間相處，亦是如此，要注意協調關係，和為貴。如何才能打好這套太極拳呢？怎樣做到懂勁，我的體會是：必須把握太極拳陰陽變化的幾種規律（思維方式）。

（一）陰陽對稱

陰陽對稱，對應，相應。打拳時要時刻體現「逢上必下、逢左必右、逢前必後、左發右塌、右發左塌、前發後塌」等等陰陽對稱的要求。例如「初收」，兩臂前上發，命門後撐，臀部下沉；又如「左右金雞獨立」，手上托，膝上提，腰胯必須下沉，有上有下；再如「金剛搗碓」動作六，右拳上沖，右膝上提，左手下採，左胯鬆沉，頂勁上領，然後左手上托，右拳下砸，右腳下跺。兩上兩下，陰陽對稱。從而達到自身重心穩定，隨遇平衡。

（二）陰陽互包（互孕、互濟）

陰陽互包，主要體現於剛柔相濟，開合相寓，輕沉兼備。開中有合，合中有開；剛中有柔，柔中有剛；化中有打，打中有化，化打合一等一系列陰陽相濟的要領。例如「白鶴亮翅」，兩臂展開，兩手虎口相合；又如「單鞭」，兩臂掤圓，左右手梢節相合，即開中有合；再看太極圖，兩個黑白魚中，白魚有只黑眼睛，黑魚有只白眼睛，你中有我，我中有你，互相包涵，互相依存。

（三）陰陽互根

陰陽互根，即為虛實互換，實為虛的根，虛為實的

根。例如「金剛搗碓」第 3 個動作，右為實，左為虛；第 4 個動作，左為實，右為虛，虛實互換。又如「左蹬腳」，論重心，右為實，左為虛；「右蹬腳」，左為實，右為虛，皆符合陰陽互根的哲理。這種虛實互換的中定勁，也正是保持人體隨遇平衡的措施之一。打太極拳人體重心總是偏於一隻腳、一個點，立如不倒之翁。從而鍛鍊人體下肢的耐力。

（四）陰陽變化有序（折疊勁）

大千世界，陰陽變化有序，可以促進事物健康發展和生態平衡。易經講「無往不復」，太極拳講「往復有折疊」，陳家溝拳家講：「不懂拳法枉徒勞。」欲左先右、欲右先左、欲上先下、欲擒先縱、欲開先合、欲發先蓄等等，即所謂「從反面入手。」例如「指襠錘」右引而後左發，再左掤右下攦而後再往左上打，雙拳逆纏上掤，再右轉雙臂拳順纏下沉裹合，再左轉左引右進，走分挒的雙開勁，用右拳向敵人襠部擊去，即右、左，左、右，左、右，左、右，這個式子就充分體現了左右往復變化八次的折疊勁。又如「前招後招」為左右折疊，雙震腳為上下折疊，都是一波三折，變化微妙。

（五）陰陽全息性（整體觀）

太極拳要求「一動無有不動」，「節節貫串」，「腰不動，手不發」，手、眼、身法、步要協調一致。每個動作都是全身配合。例如「左右擦腳」，掤開後，右引左打左踢，或左引右打右踢，這樣上擊下踢同時進攻，使敵人防不勝防。又如「金剛搗碓」第 5 個動作，以腰帶動，上中下三盤同時並取，使敵人顧了上顧不了下，顧了上下顧

不了中，難以招架。再如「懶紮衣」動作三，就是右腳蹬出，右手左引，左手上揚右擊，上引下進，右引左進，一引兩進，同步到位。千萬不要單擺浮擱，要「一動皆動」，「周身一家」。即使極微小的動作，也要由腰部（丹田）帶動，周身一體勁。

（六）陰陽變化的螺旋形式

陰陽變化，都是螺旋式的，波浪式的，沒有直來直去。《自然辯證法》告訴我們，「矛盾引起發展，發展的螺旋形式」。如太極圖，兩個陰陽魚之間變化的 S 線，就是體現事物陰陽變化的螺旋形式（不是一條直線切開）。

如「掩手肱錘」，最後發勁，右拳為何走下弧線，而不走直線？因為，肩、肘、手 3 個力，由節節貫串，螺旋纏絲，鬆活彈抖將力抖出去。陳鑫公講：「太極拳，纏法也。」所以，在打拳過程中千萬不能丟了螺旋勁，纏絲勁。要做到「打拳 3 個圓，推手 3 個球」，這充分體現了太極拳陰陽變化的螺旋形式。胸腰立體螺旋，四肢順逆纏繞。

總之，只有弄懂傳統哲理中的陰陽論、整體觀，以及陰陽變化的螺旋形式，才可以把握住太極拳用勁的規律。正如拳論中所云：「拳法之妙，在於運勁，運勁之要，在於陰陽互為其根。」

四、由拆拳講勁，弄清每個拳式，每個動作的勁力結構及運勁軌跡

臺灣的陳氏太極拳家杜毓澤老先生（陳延熙的徒弟）曾講過兩句話，他說：「打太極拳，一要把拳理打出來；

二要把勁道打出來。」所以，我們要求，由拆拳講勁要明白每個拳式，每個動作有幾個勁，你的對手在什麼方位，對方出什麼勁，我用什麼勁，勁點、勁路變化、勁力結構，都要清清楚楚，明明白白。

比如「金雞獨立」，提膝不能外撇，不能把襠敞給對方。又如「野馬分鬃」這個式子，手下插上挑，外捌，下邊膝扣，上邊外翻，加上胸靠五個勁（這就是所謂勁力結構）。「倒捲肱」這個式子，掌推出之後，還要有外捌、下塌兩個勁，退步時，上開、膝扣、腿絆三個勁。尤其要提醒大家注意一點，就是眼神（精氣神的視窗），不同於其他太極拳強調的所謂「眼隨手運」。而是強調眼睛一定要看敵人，眼的餘光兼顧左右。

為此，在弄清每個拳式，每個動作的技擊含義之後，就要在每次演練一套拳的過程中，時時刻刻在自我品味每個勁力的「滋味」，使觀賞者能從你的動作中看出你的「運動語言」（即勁力變化）。像一個人臉上的表情一樣，從整套拳的表演中，能表達出一個人的「情緒」（勁力）變化。這才叫做「打出理論來，打出勁道來。」從而使每個動作合理、合法、又瀟灑。

今天，在座的很多人在教拳，有的已經教了幾十人、幾百人、甚至上千人，這是好事，但不要滿足動作的熟練，還要精通其勁路，勁點變化。比如「金剛搗碓」這一式，只知道有 6 個動作還不行，還要明白它有多少個勁？我所知道的至少含有 25 個勁的變化。

一般只講對付前面的敵人，如果敵人突然從我身後摟住我時怎麼辦？我即丹田帶動，螺旋式抖動腰胯勁，迅速

提腕、掤肘、鬆肩、抖胯、塌腰，將敵人摟抱之力抖開，即：動作一的起動動作。按對付前邊的來力，動作一則包含提腕、反拿其手肘、前掤；動作二：右攦，然後轉腰（裏合、外撥、下塌、外碾）；動作三：提膝、前蹬（或插、或套），後攦、下按；動作四：右手反拿、左手肘肩擠、靠；動作五：撩、戳、踢（三盤並取）；動作六：合（右上托、左下採）、沖拳（右拳擊敵下頷骨），掤肘（右肘擊敵胸，又叫迎門肘）、左手上托、右拳肘下採、右腳跺等等。

由此可見，太極拳確是一種處處講勁的武術，它的每個式子，每個動作都有技擊含義。因此，我們只有弄清每個拳式、每個動作的勁路、勁點、勁力結構，才能不斷充實拳的內涵，提高拳的品質，使健身與技擊功能並進。

五、以意領形，以意導勁，使內勁與外形　　　完美統一

內勁與外形完美統一，意、氣、力之結合，是太極拳拳架鍛鍊的重要標誌之一。

那麼，什麼是內勁？內勁就是意念力、呼吸力、丹田帶動的整體力的總稱。即意、氣、力的內在結合。太極拳強調用意是對的。因為太極拳的內勁往往是含而不露的。所以必須強調用意。強調用意力。即以意念導向，發揮一種無形（隱形）的作用力（有的拳種叫「試力」）。打拳過程中，要有假設敵人，假設阻力，「打拳無人似有人」。在打拳過程中，這個動作是借力？還是化力？是化而後發？還是合而後發？化打結合？等等技巧，均是以意

導勁，意領形隨。外形規規矩矩，內勁清清楚楚。

打拳還要注意調整呼吸。使肺呼吸與腹式呼吸相結合。吸氣時：收腹、吸氣、鬆胯、提肛，胸腔膨脹，充分吸氧。呼氣時：丹田小腹膨脹、命門後撐，周身皮毛膨脹、胸肺部放鬆、橫隔肌上升、濁氣吐出。打拳時，為什麼有的人憋氣，喘不過氣？就是呼吸沒有調整好，氣沒有運好、沉好。打拳，由調整呼吸，使海底穴運動起來，整個盆腔運動起來，一開一合，一收一放，尤其是呼透，長呼短吸，使之與周身動作配合起來。有的醫學專家說：人為什麼不能活到自然壽命？就是因為人在誕生後，變腹式呼吸為肺部呼吸，丟掉了腹式呼吸，忘了「本」。我們現在練拳，就是再把它拾起來，找回來，這是一種很好的延長生命力的有效運動方式。

打拳，要求用丹田力。丹田的部位，通常即指臍內向裏斜下一寸三分處，小腹部位。是道家養生煉丹「安爐立鼎」的地方，是人體生命之源。太極拳家稱其為「太極點」、「太極核」、運勁的樞紐。丹田內轉，以腰為軸，帶動全身，發揮整體勁。比如「第一金剛搗碓」第一個動作，就是以丹田勁帶動腰胯螺旋抖動，右——左——右，帶動上肢，迅速上掤，化解對方，將敵人拿住發出。

這套陳氏太極拳大小動作都要以丹田內轉，協調全身。如《拳論》所述：「內不動，外不動」，「腰不動，手不發」，「出腎入腎是真訣」，「丹田帶動，節節貫穿，周身一家」。強調以這種內動力為主，為先。同時，又注意內動與外動（內功與外功）相結合。所以，一定要下功夫，練習丹田內轉功，練習百把樁，練腹式逆呼吸，

練丹田力，兩胯立體螺旋轉動走橫∞字。所有動作都是由鬆胯、旋腰的螺旋運化來完成。即《拳論》所云：「緊要處全在胸中腰間運化。」先師云：「發勁要主宰於腰，結合丹田帶動。」

總之，打拳時要樹立周身一家，內外一體的整體觀，掌握太極拳種種規矩和要領，既有規矩而強壯的外形，又有充實精到的內勁。從而將內勁與外形完美統一起來，即使微小的動作（手形、眼神、身法、步形），既合乎規矩，又要把內勁表達出來。這樣，打起拳來才能形神兼備，有張有弛，有蓄有發，有快有慢，有節奏，有韻味，又有勁道。這樣的拳才能既有欣賞價值，又有實用價值。因此，大家一定要靜下心來，注意用意，專心致志，弄清每個動作的勁道，打一套明白拳。

六、練習推手、功力訓練、單式訓練，是懂勁練勁的必由之路

陳照奎老師講：「拳是推手的基礎，推手是檢驗拳的試金石。」練習推手，一要弄清掤、攦、擠、按、採、挒、肘、靠等幾種勁力間相生相剋的關係；二要休悟在推手中，如何聽勁、餵勁、化勁、發勁、上下絞絆勁，如何體現「搭手即拿」，使「五個手指頭都幹活」；三要感受在練挽花中如何沾連黏隨，環環相扣、順逆纏絲；四要由推手來檢驗拳中的毛病。

陳老師講「拳中的毛病在推手中暴露無遺」。比如在行拳過程中，肘不能瘓，不能架，又要有掤勁，又要墜肘，肘總要低於肩，防反拿，又護肋；肩不能拱，不能

扛，不能聳，不能晃，要平正鬆沉，腋下要虛，便於交手時有迴旋餘地。推手即從中檢驗是否有上述一些毛病，凡有這種毛病的人推手中必然失勢。要在順逆纏繞中以巧取勝。切忌以直力、硬力、僵力、拙力、蠻力取勝。練推手的目的，也是為了懂勁。

有一點兒要提醒大家，推手最忌諱爭強好勝，兩人交手時，點到為止，占了上風就收手，不可將對方打倒後，再踏上一隻腳，將對方置於死地。這是一個原則問題，也是練武之人的武德問題。我們練拳，一是健身，二是防身，三是以拳會友。故練習推手，要力求做到「三不傷原則」：「不傷自己，不傷對方，不傷友誼」。（高壯飛先生語）。要崇尚武德，要寬容，要大度，不到不得已時（危及生命），不出毒手，不傷人，提倡能容、能忍、善於運用借其人之力，還制其人之身的技法。

另外，為了提高勁力，增長功能，除了練習拳架（拳架是太極拳全部功夫的基礎）、推手外，還有其他幾種途徑。

練單式。即把拳架套路中若干具有實戰價值的動作，從拳架中拆出來，一招一式地單獨進行發力訓練。

練器械。就是借助器械（刀、槍、劍、棍等）來強化自己的功力（包括力量、速度、耐力、靈敏度等）。

輔助功力訓練，就是借助各種輔助器械（太極尺、太極大杆、太極球、纏絲槓、旋太極輪、練百把氣功樁、舉槓鈴、打砂袋等）。練習周身的圓活力，鍛鍊腰、臂、手的彈抖發放力，增強手指的抓力和手掌的握力、托舉力、揉化力，練習順逆纏絲勁、往復旋動力，練習呼吸與發勁

相配合，鍛鍊內功，鍛鍊意念力，由增長外力促進內勁增長。正如《醫道還元·捲九》有云：「欲求內果圓成，尤待外功培植。」所以，我認為這種依靠外力的功力訓練，也是促進內勁增長的有效途徑。

總之，懂勁是修練太極拳的核心環節，關鍵環節。要長期「從難、從嚴，過細地體悟」。本著「不斷超越自我」的精神，在拳理、拳法、功力上下功夫修練，持久鑽研與實踐，達到精熟、本能化、運用自如，即所謂「階及神明」。並且永遠要謙虛，修練一種「謙敬品質」，要一輩子當小學生，當教練是暫時的，當學生是永久的。這樣才能永遠在進步之中，不斷自我超越，從而立於不敗之地。要知道「文武一道，理明則功進，功進則理更明，兩者互用為之上」。

　　記錄者甄翠燕說明：馬虹老師在講演時是邊講邊示範，許多精采的動作和交手表演難以用文字表述，請讀者見諒。

原載《少林與太極》2002 年 11 ~ 12 期

功夫，源於細節的積累

馬　虹

導　言

有云「天下大事，必做於細」，「細節決定成敗」，「要從整體上出色，就必須使每一個細節做到盡善盡美」。

傳統陳式太極拳，是具有豐富的文化內涵、武術功夫和養生之術的一門學問。由於它內涵豐富、編排細膩嚴謹，它的拳理拳法涉及多門學科（武術、健身、哲理、心理、生理、體育、養性……），也可以說它是比較難學的一門科學。陳式太極拳一代宗師陳照奎老師常講：「要學好這套拳，必須從難、從嚴、過細地下功夫。」同時，這套優秀的傳統拳，經過先輩們幾百年的實踐，不斷充實、研究、改進，使其拳理拳法體現在每一個大大小小的動作之中。我們只有把此拳的規矩、拳理、拳法鑽深吃透，並且細心地體現在實踐當中，才能達到健身防身、增強應變能力、增強心理健康、啟迪思維、拓寬視野、修身養性、塑造人格的全面效果。

目前，國內外喜歡這套傳統太極拳的人越來越多，特別值得欣慰的是文化素質較高的人喜歡這套拳的越來越多。實踐出真知，經本人及我的眾多學員幾十年來的實踐

證明：「太極拳好！」尤其是這拳傳統的陳式太極拳確實是好。我搜集了 20 多本太極拳拳譜，對各家風格、特點進行了比較、分析、鑒別，認為這套拳有五大優勢。

1. 拳架正宗的可靠性。

2. 武術本質的鮮明性。即每個拳式都有技擊含義，一個金剛搗碓就有 25 個勁。

3. 拳理拳法的哲理性。即每個拳式、每個動作都符合太極陰陽哲理。

4. 適應群體的廣泛性。這套拳「男女老少兒童團，各行各業都喜歡」。不僅中國人練，外國人也練。僅從我們這裏傳到國外的就已達 20 多個國家。北京的傅大慶同志全家 11 口有 9 口都在練；鄭州的弓大鵬，一家 4 口都在練，他辦的傳授站，上至 80 多歲的老者，下至 4～5 歲的兒童都在練；我市長安公園一個 81 歲的老翁，比我還長 1 歲，去年開始學這套拳。半年之後，我倆聊天，我問他有什麼效果，他說了兩句話：「一是體重減了，二是力量增了。」

5. 鍛鍊身心的科學性。即「養浩然之氣，練通靈之體」。湖南醫大帥建中教授來信說：「每打一遍拳，如同服一劑『活血化瘀』的藥。」現在社會科技和經濟的發展，競爭激烈，工作壓力大，腦子緊張，下肢活動少，許多人患上了「現代病」，出現了三高，即高血壓、高血脂、高血糖，以及肥胖症等等，而練這套拳，練低架子，增強下肢力量，加大肌肉力量可減肥、降壓、預防和減緩骨質疏鬆。練這套拳，正好符合現在提倡的有氧代謝運動的要求，同時身心兼練，練拳練體練人格。改變人的思維

方式，使人的思維富有哲理性，平衡人的心態，讓人們在緊張的工作環境下，學會放鬆，在緊急的情況下，學會沉穩，與人相處，學會寬容，等等。

實踐證明，要想全面體現以上 5 個方面的優勢，必須下功夫，過細地學好練精。可是，為什麼有些人練拳多年，甚至幾十年，動作仍不規範，水準仍不高呢？究其原因，主要是這些練拳者學拳不認真，練拳不細心，鑽拳沒耐心，粗枝大葉，偷工減料，丟三落四，手、眼、身、法、步不到位，許多細節表達不出來，勁點不明，甚至有些動作違背拳理拳法，走形變樣，忽略了此拳豐富而細緻的內涵。

當年，我學拳時，一是認真模仿老師的外形，守規矩；二是老師講課時，我發揮了自己的優勢，認真聽，仔細記，明拳理；三是老師拆拳時，我細心揣摩，刻苦練習，要領掌握得準，懂得如何運勁。那麼，是否都練到身上呢？直到現在，我還在不斷學，不斷改，不斷充實，不斷提高。根據本人 46 年來學拳、練拳、鑽研拳的經驗，要想學好練好這套拳，首先要尊重傳統，尊師敬業，求真務實。為此，必須認真、細心地從細節上下功夫，永遠當小學生，不斷超越自我，把拳理拳法吃透，大小動作合乎規矩，力爭把拳練精，達到一個高的水準，做合格的傳人（即使不做傳人，也會對自己健身、護身、養性有好處）。

如何在細節上下功夫？我認為必須從以下三個方面下功夫。

（1）細摳拳譜，守規矩；

（2）精通拳理，找規律；

（3）鑽研拳法，懂勁道。

正如臺灣拳師杜毓澤（陳延熙的徒弟）先生講的：「要打好此拳，就必須把道理打出來，把勁道打出來。」也就是說，使每一個動作都合乎拳理拳法。

下面，我從這三個方面談談個人的一些體會，供大家參考。

一、細摳拳譜守規矩

《孟子》有云：「大匠誨人，必以規矩。」

陳鑫說：「學太極拳，著著當細心揣摩，一著不揣摩，則此勢機致情理，終於芒昧。」

陳照奎老師傳授的拳譜，是先輩們在實踐中不斷充實、不斷改進的規矩。一個拳式，幾個動作，每個動作之中手、眼、身、法、步、角度、方位，都有明確的要求及其內勁和要領。所以，學拳要先明規矩，細心記、細心體悟老師傳的拳譜（即拳規、拳風、拳貌）。手形手法、步形步法、身法、眼法以及整體配合，都要搞得清清楚楚，一點也不含糊，做到大小動作都要到位，「無缺陷，無凹凸，無斷續」。大家特別要注意以下五個方面的規矩。

（一）手形手法

（1）掌形及其變化（不同掌形，不同用法）。如單鞭的穿掌，力點在指尖；金雞獨立的托掌，掌心向上，力點在大魚際；運手的切掌，橫切，力點在掌根外側；懶紮衣單鞭的定式，掌形下塌外碾，力點在掌根；中盤的右手撩掌，力點在手背；運手一圈之中，手型有七種變化，穿、墜、塌、掤、捋、沉、切等等。

（2）勾手，何時捏攏，何時掤圓，都有規矩。如單鞭，先是五指指尖捏攏，而定式時，虎口要圓，表達內氣鼓蕩，外形飽滿。

（3）刁拿手形，提腕垂指，虎口要圓。

（4）拳形及其特徵（內虛外實）。如掩手肱錘，拳形為拇指梢節扣住中指中節，外緊內鬆，拳有彈性。

（5）肘的要求，一墜、二掤，肘不離肋、肘不貼肋。弄清裏合肘和外掤肘的不同用法等等。

（二）步形步法

「根節不明，全身皆空。」「打拳先培根。」（《拳論》）

（1）平行步（不丁不八）。體育原理裏有一個人體站立時的「穩定角」，即兩腳基本平行，這樣下盤穩定，腰轉靈活，跟拳理基本吻合。我們有些習拳者，打拳八字腳太多，應該特別注意。如「倒捲肱」，退步時兩腳走弧線；落腳時，兩腳前後要騎在一條線上。腳尖皆向前。

（2）弓馬分清。如弓蹬步的要求是前腿要弓，膝不能往前跪，小腿垂直；後腿蹬，腳跟裏側後下蹬，膝蓋內捲，腳尖裏扣，大小腿上撐，胯鬆，勁力通過腿、腰而發到梢節。

（3）「提足即有用」。我老師講：「打拳不是走路，只要腿腳提起來，就有用。」如運手，腳提起來，就有用。而不同於一般走路邁步。

（4）不同步法要分清。如頓步、蹉步、踮步、躍步、蓋步、併步、盤步、插步、絆步，等等。

（5）進退。「進要柔，退要促」。

（6）腳的旋轉開合，是以腳跟為軸，還是以腳掌為軸，要分清。（如閃通背，托掌時，則以腳掌為軸。）

（三）身　法

（1）上身中正。打拳過程中，要求式式立身中正，左右旋轉，不出自己方圓。身子不要跟著手走，不可前後、左右晃，不可蹶臀。陳長興公，人稱「牌位先生」。打拳始終要立身中正。如初收，雙手上掤，襠沉，命門後撐，立身中正；掩手肱錘，抖出右拳，左肘後撐，身子要正，不要往前傾。

（2）頭要正。楊澄甫講：「丟掉頂頭懸，白練三十年。」因此，打拳要虛領頂勁，眼睛平視。身法中正，胸腰開合才靈活。防止低頭、仰頭、歪頭、梗頸……

（3）注意胸腰的立體螺旋與開合。

（四）眼　神

我老師講：「眼以看敵為主，餘光左顧右盼。」因此，打拳頭不要歪，也不要向注視方向擰脖子，眼睛要注視對方。如六封四閉，挑右肘時，眼要看右前方，打拳無人似有人。

（五）出手落腳方位角度要一清二楚

如三換掌，掌掌打在右前斜角（東南角）；掩手肱錘定勢，左肘、右拳發勁的方向為右拳偏右前，左肘偏左後。

有些人打拳「偷工減料」，任意丟勁變形，或添枝加葉。如掩手肱錘，丟雙峰貫耳勁，拳掌直接下插；玉女穿梭，丟穿掌；六封四閉，雙掌不合，肘無力；轉體，不先扣腳、擰胯、倒重心；跌叉，雙腕未合即跌，未蓄即發；

青龍出水，求快而忽略慢蓄動作，這些都不符合規矩。

二、精通拳理找規律

陳鑫云：「拳雖小技，皆本太極正理。得其正理（即規律），無往不宜。」「明理則功進，功進則理更明。」

太極拳，其原理即太極陰陽學說。把握了太極陰陽哲理的基本論點後，即可以「一通百通」。所以，要深研此拳，必須下功夫鑽研其基本理論（太極陰陽學說）。

基本原理概括言之，三句話：「太極整體觀，陰陽相濟論，陰陽變化的螺旋形式。」

（一）太極整體觀

即講求整體動作，大小動作，處處都要做到「周身一家」，「一動無有不動」。主宰於心，意領形隨，丹田帶動，上下相隨，內外結合，整體運作。

陳照奎老師講：「力起於腳跟，腰為樞紐，丹田帶動，發於梢節。」例如懶紮衣接六封四閉，手合肘掤，丹田內轉，上擠，下沉，周身一家；金剛搗碓動作六，外形為握拳，內勁為收腹、吸氣、提肛、鬆胯，內外配合；倒捲肱，雙臂雙腿的上下開合，手進腳退的上下配合，全身「一動無有不動」，體現周身一家。

因此，我們學這套拳，首先要細研其周身如何配合，使身體各個部位的動作都要諧調一致，防止「單擺浮擱，互不相干」。

（二）陰陽相濟論

每個動作，都要想到陰陽兩個方面的相互配合，對稱平衡、對立統一，以及往復折疊種種陰陽關係。

例為陰陽對稱（平衡）

所謂「三維平衡」，即上下、左右、前後都要對稱、諧調、平衡。

逢上必下。如起勢，頂勁上領，掌根下塌；雙腕上提，身子下沉。金雞獨立，一手上托，一手下按，右膝上提，左胯鬆沉，有上有下，上下對稱。

逢前必後。如初收，雙手上掤，身下沉；六封四閉，雙臂前上擠，身下沉；掩手肱錘，右拳前發，左肘後撐，有前有後，前後對稱。

又為陰陽互包（互根）

開中有合。如白鶴亮翅，兩臂上下斜向開，兩手梢節合；單鞭定式，雙臂開，左手塌掌根，指尖略內合，右手勾手，腕掤指合，腿開膝合，襠開腳合，有開有合，開合相寓。

合中有開。如初收，兩手合，兩肘開；第一金剛搗碓動作一，兩手左掤合住，兩肘掤開，即所謂梢節合中節開。

柔中有剛，剛中有柔。如掩手肱錘，蓄勢時，緩慢、吸氣；發力時，鬆活彈抖，肩、肘、拳3個勁，螺旋前進，處處可打人；出左腿時輕柔，「邁步如貓行」，右腿則剛沉有力。太極拳的所謂掤勁之中，就包含鬆柔與彈性的張力。從中體現剛柔相濟。

陰陽互根，即為虛實互換，實為虛的根，虛為實的根。左右腿，分清虛實，行拳中快速倒換重心。如金剛搗碓第3個動作，右為實，左為虛；第四個動作，左為實，右為虛，虛實互換。又如左蹬腳，右為實，左為虛；右蹬

腳，按重心，左為實，右為虛，皆符合陰陽互根的哲理，這種虛實互換的中定勁，也正是保持人體隨遇平衡、鍛鍊耐力的措施之一。

再如陰陽折疊

陳家溝拳家有云：「不懂疊法枉徒勞。」陰陽交替，相反相成，欲陰先陽，欲陽先陰。拳論云：「意寓向上，必先寓下；意寓向左，必先右去；前去之中，必有後撐。」例如指襠錘，欲左先右，欲右先左，聲東擊西，左右往復，8次折疊。又如前招後招，左、右、前方，一波三折；雙震腳，下按、上托再下按，上下折疊；金雞獨立，欲上托，先下按，兩上兩下，反覆折疊，就像大樹，樹長得越高，根紮得越深，欲上必下；裏鞭炮，開之再開，合之再合，欲開先合，開合有序，變化微妙。

（三）陰陽變化的螺旋形式

螺旋形式，是陳式太極拳動作的主要特點。陳鑫公講：「拳者，纏法也，不明此，即不明拳。」拳論曰：「手足之運，絕無直來直去。」四肢順逆纏，胸腰左右轉，周身立體走螺旋。陰陽變化，都是螺旋式的，波浪式的，沒有直來直去的。所以，在打拳過程中，要始終突出陳式太極拳螺旋形式這一特點。要做到「打拳3個圓，推手3個球」，充分體現太極拳陰陽變化的螺旋形式。

正是：「四肢一動順逆纏，所有動作走弧線。周身處處皆掤圓，立體升沉呈螺旋。」

三、鑽研拳法懂勁道

太極拳的本質是武術，這已被歷代拳家所認同。拳論

云：「懂勁而後，方可階及神明。」所以，練這套拳者，必須要有武功的意識，並懂點兵學、人體力學的知識。那麼，如何才能達到懂勁呢？我認為要由「拆拳講勁」，弄清4點。

（一）弄清每個動作的力點所在。例如：金剛搗碓一勢中，就有掤、攦、擠、按、採、挒、肘、靠、沖、撩、戳、踢、跺等25個勁，一個勁不能少。每個勁的方位、角度及運作路線，都要清清楚楚，明明白白。

（二）弄清力點變化。如運手，手運一圈就有7個勁的變化，穿掌、墜肘、坐腕、掤肘、挒掌、塌掌、切掌；單鞭接第二金剛搗碓，一動之中就有掤、攦、按、推4個勁的變化。

（三）弄清勁力結構（周身各部位的配合）。如野馬分鬃，不同部位，不同勁道。左手下插、上挑、外挒；右手下採、外挒，右胸開右轉，前腿為支撐點，後腿為施力點，前膝裏扣，形成手挒、胸靠、膝絆的摔法。

（四）外形與內勁完美統一。外形與內勁完美統一，是太極拳架鍛鍊的重點標誌之一。「打拳即練功」，不是兩張皮。外形要規矩，內勁要清楚。如金剛搗碓，外形握拳、提膝、沖拳、掤肘、下採、震腳，氣勢飽滿；內部收腹、吸氣、提肛鬆胯，然後呼氣，鼓蕩發力。一開一合，一收一放，內動外動相結合，體現內外兼練。

另外，懂勁之後，還要練勁。練勁的途徑有：練習拳架（拳架是太極拳全部功夫的基礎）；單式訓練（把拳架套路中若干具備實戰價值的動作，從拳架中拆出來，一招一式地單獨進行發力訓練）；推手訓練（一可弄清各種勁

力間相生相剋的關係，二可練習聽勁，三可找到如何沾、黏、連、隨，環環相扣，順逆纏絲，引化發放，借力發力的感覺，四可由推手來檢驗拳架的毛病）；器械訓練（借助器械來強化自己的功力，包括力量、速度、耐力、靈活性等）；輔助功力訓練（借助各種輔助器械，如太極尺、太極大杆、太極球、太極輪乃至沙袋、槓鈴等等，增強外力和周身圓活力，由外力增長，促進內勁的增長）。

總之：「大小動作須細心，細節積累功夫深；偷工減料功必退，勁道不明拳失真。」

上邊講了從三個方面下功夫，從難、從嚴、過細地下功夫，把基礎打好，把拳理搞明白，把拳法弄清楚，從而逐步把拳練精。

原載《中華武術》2005.10

太極拳的文化內涵及其時代價值

——2006 年 3 月 25 日第 2 次應邀
在北京大學所作的學術報告

馬　虹

一、健康的新理念與傳統太極拳

北京大學提出要培養專業人才的「綜合素質」，把健康列為「綜合素質」的重要內容，並且將太極拳作為健康的首選項目列為課程之一，這在全國所有高等院校中，還是一個有遠見卓識的創舉。

隨著時代的發展、科技的進步，健康在當今的社會生活中備受人們的關注和重視。最近，網路上列出人們追求創造積累財富的 12 個投資項目，其中有一項就是健康，而且說明健康是統率其他 11 個項目的首要項目。正如人們常講的：「健康不是一切，而沒有健康就沒有一切。」

隨著時代的發展，人們對健康的理念也有新的發展，即不僅要注意肌體健康，而且還要注意心理健康。

2005 年 5 月 17 日，西班牙《國家報》發表了一篇文章，提出一個健康的新理念：「人的健康，取決於心態與體態的和諧。」也就是說，人的健康，不僅是指身體的健康，還要有心態的健康，兩者缺一不可。人的「消極因

素」（不好的情緒）常常是導致心腦血管病、威脅生命的元兇。人的精神過於緊張、情緒低落、壓抑、失常，會在體內產生一種叫「皮質醇」的物質，損害人們的心理和肌體的健康。

在當前的市場經濟環境下，社會競爭激烈，生活節奏加快，人們的精神壓力增大，甚至心理失衡，導致各種疾病叢生，更極端的會出現輕生、自殺的現象。2006 年 2 月份，在華南農業大學校園內，一週之內先後有一名研究生、兩名大學生不堪負重，跳樓自殺。這是心態失常，不能很好地進行正確的自我心理調整而導致的悲劇發生。由此幅射整個社會帶來各種各樣的問題，令人反省，深思……

所以，21 世紀的健康新理念，應該是肌體健康和心理健康的和諧並重。為此，人們選擇的健身項目，往往是那些「身心兼練，性命雙修」的運動項目，而中國傳統的太極拳就是強調「身心兼練，性命雙修」的優秀拳術。

以陳氏太極拳八十三式為例，600 多個小動作，使人在練拳過程中必須高度集中、入靜；動作的繁難，不允許腦子開小差，從而達到身心兼練的目的。所以美國的《時代週刊》發表文章說：「中國的太極拳是一項完美的運動方式。」俄羅斯的《文化報》發表論文講：「中國的太極拳是一種整體健康術。」

在國外，太極拳近幾年發展的非常快。在美國，各州都設有太極拳組織，太極拳成了美國人的「熱門」。這裏有件趣事：有的中國人出國前不會打太極拳，出國後一看美國人那麼喜愛太極拳，就想法跟學過太極拳的美國人

學。學會之後，則變成從中國來的太極拳教練，去教那些外國人。

　　美國的愛默蕾大學醫學院得到國家 65 萬美元的撥款，專門進行太極拳防止老年人跌跤的專項科研；亞利桑那州大學等許多的美國高等院校都開設了太極拳課程。在英國，有的醫生給病人看病時開出「練太極拳」的藥方。美國出版的英文版的《太極拳》雜誌，由原來的幾千份到現在全世界發行幾十萬冊。

　　我曾應邀到美國的奧勒根州去講學、授拳，那裏一位市長一個上午不辦公，專門在他的辦公室接待我，又是發榮譽市民證書，又是請我座談。美國各州都有太極拳協會。由此可見，中國的太極拳在美國所受到的歡迎和熱愛的程度。我還去過馬來西亞、義大利、加拿大、紐西蘭、韓國等國家講學、授拳，都能感受到當地人們對中國太極拳的喜愛。

　　2004 年，在北戴河舉辦了一期由以色列、荷蘭、美國等國家學員組成的學習班，他們都跑到中國來學習陳氏太極拳。結業時，他們一個挨一個和我擁抱，有的還掉眼淚，心情非常激動。他們沒有想到陳氏太極拳這麼好，又感謝我教的認真。

　　當今時代，中國古老的文化遺產受到了世界人們的歡迎。太極拳之所以受到國內外廣大群眾的喜愛，絕不是偶然的。中國傳統太極拳的魅力，主要在於它不僅本質上是防身應變的武術，而且它的文化內涵異常豐富。因為它植根於中國幾千年傳統文化的沃壤之中，是中國傳統文化的積澱，也可以說是中國幾千年傳統文化的載體。這正是

「深山大澤生龍蛇」之謂也。

中國傳統太極拳獨特的鍛鍊方式，更有利於當今世界的人們防治一種「上盛下虛」的時代病。前幾年臺灣的《太極拳》雜誌提出了一個鮮明的論點：「從 21 世紀開始，中國的太極拳將成為世界上最受歡迎、最為流行的體育項目。」其主要原因是因為它既是一種防身術，又有豐富的文化內涵，又可以促進人們心理和生理的全面健康。從而可以看出它的時代價值。

二、太極拳的本質是武術

在當今的生活中，人們只要一提太極拳，就普遍認為它是一種老年人的運動方式，其實這是一種誤解和錯覺，是不瞭解太極拳的本來面目而造成的。

近幾十年來，國家為了普及太極拳和舉辦競賽之目的，改編、簡化了許多太極拳的套路，但大多數都不講太極拳的武術內涵，逐漸失去了傳統太極拳本來的真實面目，演變成了一種健身操、太極舞。故有人云：「百年古木，枝盛乾枯。」

其實，傳統太極拳的本質是武術，是防身護身的功夫，它的每個拳式每個動作都含有鮮明的攻防技擊含義。從太極拳的名稱上看與中國傳統文化有著非常密切的聯繫。

中國的傳統文化強調傳統哲學——《周易》統帥其他一切學科，其特點，就是處處講陰陽和諧，陰陽平衡，強調陰陽的整體性。太極拳為什麼叫「太極拳」呢？「太極」就是整體，分則為陰陽，合則為太極：「一陰一陽謂之道。」（《易·繫辭》）「太極」與「陰陽」乃是一而二，二而

一的關係，其包含著豐富的傳統哲理。「拳」一般指武術。一句話，太極拳是以中國的太極陰陽學說為理論指導來進行防身護身、養生益壽的拳術。

據史考證，最早的太極拳起源於河南陳家溝的陳氏太極拳，距今已 300 多年了。創編這套太極拳的人為陳家溝的陳王廷，他的傳統文化素質相當高，不僅懂《黃帝內經》、《易經》、《黃庭經》，還懂得戚繼光《紀效新書》裏的《拳經》。

《拳經》裏面囊括了當時中國所有拳術裏面最好的 32 個式子，陳王廷從中選擇 29 個式子，作為陳氏太極拳創編的基礎。此外，他還懂得《黃庭經》等道家養生學、中醫經絡學，以及其他許多中國傳統文化中的精華。可以說，陳氏太極拳是傳統文化、武術、養生融為一體的優秀拳種。

我現在習練和研究的是傳統陳氏太極拳，即中國最古老的太極拳。我過去在大學是學中文的，畢業後先當過教師，後又從事機關文秘、編輯工作，及業餘文學創作，經常通宵達旦地從事緊急起草任務。

由於過度疲勞，導致了嚴重的失眠，引起神經衰弱、過敏性鼻炎、胃炎、慢性腎炎、左腿關節炎等等一系列的疾病。醫生囑咐我睡前吃一片安眠藥，我吃 3 片也睡不著覺。我在機關三樓辦公，每次提熱水瓶上到二樓先喘喘氣，再上三樓。是太極拳挽救了我的生命。

當時有位老中醫給我開了「方子」，讓我試著練練太極拳，因為中藥、西藥對我的失眠都不奏效。沒想到，經過幾年修練，不僅睡眠正常了，原來所有的幾種病症都不治而癒了。在文化大革命那個荒唐的年代，我被「掛」了

8年，勞改3年，還被關了一年，在那個荒唐的年代，有幸我遇到了一位好老師，就是陳家溝當代太極拳宗師陳照奎先生。我以照顧老人為由，向「造反派」請了長假，三上北京，再下河南，還3次請老師來我家裏教我太極拳，前後9年的時間，我跟陳照奎老師學會了陳氏家傳的、正宗的傳統陳氏太極拳。

這套太極拳有三大內涵──防身武術、傳統文化和養生功能。這裏我先講太極拳的武術本質。

（一）獨特的戰略戰術。太極拳有句名諺：「彼不動，己不動。」主張以和為貴，以容為上，以化為主。陳鑫語：「我守我疆，不卑不亢。」以化解矛盾為上策，「止戈為武」，力爭「化敵為友」。實在不得已而交手時，儘量以化為主，化打結合，借力打力，閃戰騰挪，「因敵變化示神奇。」堅持從被動中變主動，在保護自身不受傷害的同時，迫使對方失去平衡，感到失勢為上策。

（二）每個拳式、每個動作都有鮮明的技擊含義，大小動作都講勁道。尤其是經由老師的「拆拳講勁」後，你會明白每個式子、每個動作的勁源、勁點、勁力變化、勁力結構。

以「金剛搗碓」為例（示範），其中包含抖腰、提腕、捌肘、鬆肩、鬆胯、塌腰、反拿、右擺、轉腰、左肘裏合、右手下塌外碾、提膝、前蹬、大擺、下按、肘擊、肩靠、上撩、中戳、下踢、上托、下採、沖拳、迎門肘、震腳等至少25個勁力變化。每個動作的外形與內勁和諧統一。

老師常講：「拳架是太極拳全部功夫的基礎。」走拳

架時要有規矩，上身中正、虛靈頂勁、沉肩墜肘、鬆胯塌腰、襠走下弧等，其外形動作與內含的勁道是相一致的。為什麼有些人同是一個老師教的拳，每個學生卻是一個人一個樣呢？就是因為打拳時不講規矩，隨心運作，又不懂勁道而變形所致。

有人講，拳架是拳架，只不過是健身罷了，若想練成太極功夫得另有一套練功法門。持這種看法的人是對太極拳缺乏全面正確的認識，因為拳架的動作與內勁是完美統一的，兩者相輔相成，缺一不可。

以「懶紮衣」為例（示範）：要邊化邊打，上引下進，右引左進，一引兩進。化打合一，有剛有柔，其動作的外形與其內含的勁道和諧統一。關鍵在於你是否懂勁。

（三）太極拳的系列輔助功法訓練

1.推手——有 10 種推手方法，主要是練聽勁、化勁、借勁等等，是懂勁的必經之路。主要鍛鍊人的靈敏度，熟能生巧，隨機應變。

2.單式訓練——主要是練發力，即所謂的「發勁」，是太極拳勁道的鍛鍊方式，是武術本質的表現特徵。

3.器械訓練——主要是增強力量，像太極刀、劍、槍等。

4.輔助功力訓練——也是增強功力的手段，像太極尺、太極大杆、太極輪、太極球以及百把樁等。

（四）太極拳的防身護身、應變功能

1.防身應敵，見義勇為。

學員中這方面的例子很多。如廣州的譚啟惠，見義勇為，用我教給他的拳架技擊動作，痛打流氓、歹徒。湛江

的蘇道生，有一次在路上遇到車匪、路霸，打得那些人心膽俱寒。他說：「我要是不練這套拳，沒有這些手法和勁道，也沒有這個勇氣。」

2.應變能力的增強，有利於自我保護。

在當今社會，車禍猛於虎，自然災害不期降臨，客觀環境的變化，還有不法歹徒的盜竊、搶劫。這些對人身的安全都潛藏著危機。透過太極拳中的靈敏、力量、速度、耐力等的鍛鍊，對自身的自我保護，對外界環境的應變能力，作用是很明顯的。

1995年，我應邀到美國三藩市去講學，那裏與北京的時差整整12個小時，一般人不太適應這種時差的變化，幾天都感到疲勞，頭暈腦脹的。我第二天起來，在那裏打了兩遍太極拳，出了身汗，時差感馬上就調整過來了，身體的不適感也隨之而去，就像在自己家裏沒什麼兩樣。

在2000年，我曾經歷了一場車禍。那天下著小雨，在石家莊健康路上我從東往西騎著自行車，有一輛夏利計程車由西往東駕駛。當時我騎車很快，在與計程車快相遇時，我有意識的往右邊閃開避讓。然而，我萬萬沒有想到計程車同時也往與我同一個方向開去，已經形成即將相撞的局面（我後來從計程車司機口中才知道，當時他對面方向也開來一輛汽車，右邊有一輛菜車，為了避讓本能地、無意識的向我這邊駕駛），在那千鈞一髮之際，當時我自己的腦子很清醒，沒有慌亂，在無法剎車避讓的危急關頭，我本能地撒開車把，如同拳式「穿梭」，腿後蹬，雙手向前面開來的計程車頭上面撲過去。計程車這時緊急剎車停下來。由於車頭頂蓋上面雨水濕滑，以及停車的慣

性，我被滑摔到馬路邊上，稍微蹭破了左臉額頭一點兒皮，身體其他地方完好無損。我若不練這套陳氏太極拳，當時我的胳膊、腿就要撞斷了，因為自行車已被撞出一丈多遠，車前叉子都被撞爛了。這就是太極拳的快速應變能力帶給我的第二次生命。

總之，武術強調一膽（膽量、勇氣）、二力（功力、力量）、三智（靈敏、機智）、四法（攻防技擊法）。所有這些，只要太極拳持之以恆的鍛鍊，都能體現出來，從而達到健身、防身的目的。

三、太極拳有豐富的文化內涵

太極拳是武術，但又不同於一般的武術。太極拳有著豐富的文化內涵，它既是中國傳統文化的一個載體，又是「人文與科學」融合一體的產物，也就是在人文和科學領域結合得最好的健身術。有云：「雖曰習武，文在其中」，「有武事者，必有文備；有文事者，必有武備」。（《孔子家語》）。

太極拳最突出的文化內涵，就是以中國傳統哲學——太極陰陽學說為拳理依據和指導思想。2004 年，《周易研究》期刊上登了一篇天津南開大學鄧軍海先生的文章，他提出：中國的傳統哲學是「陰陽辯證法」，區別於西方哲學的「衝突辯證法」。

西方的「衝突辯證法」源於柏拉圖到馬克思所形成的哲學體系，是以鬥爭為核心，由鬥爭的手段來解決矛盾，取得事物的發展變化。而中國的「陰陽辯證法」來源於中國的傳統哲學——《周易》，是以和諧為核心，強調世界

上任何事物的整體都包含著陰陽兩大因素，其陰陽之間的矛盾盡力通過協調、和諧的方式，取得事物的穩態發展。中國的傳統辯證法，是以《周易》的易理為統帥，在中國傳統文化的任何領域的學科都離不開易理陰陽學說的指導。中國的傳統哲學，一是從整體上把握事物，二是以陰陽論分析調整事物的內在矛盾，並且以陰陽的和諧來保障整體的穩態發展（當然，也不排除必要的鬥爭）。

中國的太極拳是一種文化拳，是以易理為指導思想的太極拳。下面我從整體觀、陰陽論和螺旋形式三個方面來概括介紹太極拳之哲理。

（一）關於太極拳的整體觀

中國的傳統哲理講究陰陽的整體性，反映在太極拳上就是「周身一家，一動無有不動」。就是說太極拳的大小動作必須是整體的，內外、上下、前後、左右、八面支撐，都是互相關聯，「牽一髮而動全身」的。

以「懶紮衣」接「六封四閉」動作為例（示範）：右手很微小的旋轉前掤動作，必須靠全身整體的配合來進行，強調整體勁力的配合；右手在運勁的同時，力點從左腳根蹬地，經大腿傳遞，由胸腰的立體旋轉，力達脊背，再經肩、肘、手到達掌指發力。

後面接「六封四閉」（示範），同樣是通過腳根蹬地借力，腰部的立體旋轉，胸腰「蠶蛹式」的節節貫串的蛹動勁，力摧雙臂和手掤擠出去。

又如「金剛搗碓」（示範）：右手握拳的同時，含胸、吸氣、收腹、鬆胯、提肛，內外俱動。「掩手肱錘」：兩手前後雙順外掤，再雙逆裏合，同時倒重心，開

右胸，吸氣收腹，鬆胯，塌腰，胸腰旋轉，再倒重心，前抖右拳，左肘後稱，前後、左右、八面支撐。

太極拳難練就難在這裏，然而好處也就好在這裏。由腳根蹬地的作用力，再借大地的反作用力，經過胸腰立體螺旋的旋轉，全身蛹動式的節節貫串之勁力擊打對方，要比你單獨用某一部位去擊打對方的力量要大得多。這，就是整體勁。這樣經常不斷地運動，周身協調，內外、身心兼練，身體各個系統、關節都能得到有效協調的鍛鍊，從而促使周身整體全面的健康發展。

（二）關於太極拳的陰陽論

左丘明《國語》有云：「物一無文。」任何事物都是一分為二的，世界上沒有任何孤立存在的事物。就以「太極」來講，陰陽合而為太極，太極分則為陰陽；「太極」與「陰陽」是一而二，二而一的關係。

比如，人體是一個整體，全身的各個系統都是對稱和諧的，像神經系統的興奮與抑制，心臟血液的收縮與舒張，肺的呼與吸，消化系統的吸收與排泄，等等。按照現代科學的觀點，對人體健康成長的一種穩態的定律有 8 個字：「常閾空間，節律振盪。」就是有規律、有節奏地調整生命發展的過程，使之趨於穩態。

恰好，太極拳處處強調陰陽的和諧平衡，講究內外兼練，快慢相間，剛柔相濟，開合相寓，虛實互換，以求取得穩態的平衡。這裏從四個方面驗證太極拳如何體現陰陽關係，取得陰陽的和諧。

1. 陰陽對應、對稱，以求肌體的動態平衡

太極拳從起式開始到收式結束，在保證上身中正，不

偏不倚，虛靈頂勁的同時，處處強調動作的陰陽對稱，陰陽相應，陰陽相濟和陰陽平衡，並由此產生穩定的整體對稱勁。

「雙推掌」（示範）：雙掌往前推時，背部要往後撐，塌腰鬆胯，命門後撐，前後對應，逢前必後；若只顧前不顧後推就失去了動作的穩態平衡。

「懶紮衣」（示範）：右手前側掤、捋、碾，同時左胯要有塌腰下沉撐住的對稱勁，左右、前後都要對稱。

「金雞獨立」：要「逢上必下」，左掌往前上方托，提左膝，同時右胯必須鬆胯下沉，右掌下按，這樣會鍛鍊右腿的耐力，促進大腿肌肉的發達。不能上下肢整個身子都往上提升。要有陰有陽，有升有沉，有左有右，有上有下，要陰陽對應。

又如「金剛搗碓」：右手握拳上沖，突肘，提右膝，左胯同時要向下鬆沉，體現輕沉兼備的風格。從而達到人體的三維平衡。

2. 陰陽互包，互容，以求肌體各個系統之間的互補、相濟

陰陽要互相包容，開合相寓。比如「白鶴亮翅」：上面兩手臂斜向捋開，兩手虎口相合，中節開，梢節合；下面則是腳合襠開，開中有合，合中有開，開合相寓。「初收」：兩手合時，兩臂要掤圓，若兩臂夾貼脇部就只有合，沒有開了。「掩手肱錘」：右拳先鬆下來，再彈抖出拳，手臂是鬆柔的，而不是僵硬的沖拳；只有放鬆了，才能打出彈抖勁來。所以，剛柔相濟，開合相寓；開中有合，合中有開；陰中寓陽，陽中寓陰。

拿太極圖來說，它外面的圓圈是一個整體，裏面有一個黑魚和一個白魚。白魚裏有黑眼睛，白中有黑；黑魚裏面有白眼睛，黑中有白，就是這個道理。

從這裏聯想到日常生活中的人與人之間的各種關係，如同學之間、鄰里之間、朋友之間、同事之間、夫妻之間，都應互相包容，達到互相和諧，促使社會的和諧穩定。觀察任何事物，既要看到有利的一面，也要看到不足的一面。從而體現觀察與把握事物的全面性。

3. 陰陽互根，以求肌體的靈活和耐力持久的鍛鍊

《內經》云：「陰在內，陽之守也；陽在外，陰之使也。」「陰陽互根，萬象乃生。」太極拳處處講虛實互根，虛實倒換，有虛有實。太極拳從起式啟動到收式結束，兩隻腿始終都是一虛一實，相互倒換重心，保持身體的動態平衡。

太極拳有句拳諺：「邁步如貓行」。就是說一隻腿慢慢提起，順逆纏絲出腳，同時另一隻腿鬆胯下沉，以此來加強鍛鍊支撐腿的耐力。外擺出去的腿越慢，那支撐的腿就越吃勁、費力。兩腿互相倒換重心，一虛一實，再加上襠走下弧，不斷交替鍛鍊兩隻腿的耐力。一旦遇到危急情況，馬上就由兩腿重心的迅捷倒換，避開危機，體現其靈活性。虛實互根體現在每一個式子、每一個動作之中。經常鍛鍊重心的虛實互換，並養成習慣，不僅增強大腿的根部耐力，還會培養靈敏快速的反應能力。

美國的醫生在做研究時得出一個結論：練太極拳能防止跌跤。這就是中國太極拳獨有的魅力。

4. 陰陽折疊，把握陰陽變化的規律

陰陽變化，就是欲陰先陽，欲陽先陰，「往復有折疊」，「無往不復」。胸腰的偏左或偏右是螺旋式立體轉動的；另一個是四肢動作的螺旋形式，即手臂腳腿的順逆纏絲。陳鑫有句拳諺：「拳者，纏法也。」太極拳的大小動作，無論是胸腰運化，還是手臂纏絲，腳蹬腿擺，都是走弧線，非圓即弧，絕無直來直去的。

以「金剛搗碓」為例（示範）：先右手順纏握拳，同時沉肩墜肘，鬆腰胯，收腹吸氣，提扛，配合胸腰向左螺旋下沉，沉右臀翻左臀同時完成；再向上沖拳、突肘、提膝，胸再略螺旋右轉，沉左臀翻右臀；最後，右拳略順纏下沉裏合於左掌心，右腳震地，氣沉丹田，胸腰又略螺旋前轉，沉右臀翻左臀同時完成。其中 3 次胸腰開合的螺旋轉動，3 次臀部的螺旋升沉，體現了立體螺旋的整體勁和螺旋勁。

這種獨特的螺旋運動方式，在技擊上對化解外力、沾連黏隨，隨屈就伸的化打結合的功夫修練大有好處。

還有「打拳 3 個圓」，就是說，一個是手腳動作自身螺旋式纏絲走圓；第二個是所有動作運行的路線都是圓的，沒有直來直去的。手不是走 S 曲線，就是畫圈走弧線，「非圓即弧，絕無直來直去」；第三個圓就是造型態勢要掤圓，氣勢圓滿。這些都是陰陽變化的螺旋形式。

再看太極圖的形狀：一個圓的太極圖裏面，黑魚由最細小的魚尾形狀逐漸演變成大的圓形的魚頭，而白魚由大的圓形的魚頭逐漸演變成最細小的魚尾形狀；黑魚和白魚彼此互相咬住尾巴，黑魚和白魚之間被 S 形曲線分割兩

半，而不是從兩者中間一道直線下來分割的，從中可看出陰陽變化的螺旋形式。

這就是中國傳統哲理所講的「圓」的變化精華所在，正可謂「君子如水，隨圓就方，無處不自在。」《孫子兵法》裏專門對「圓」有一個精闢的論述：「渾渾沌沌，形圓而不可敗也。」就是說像很多圓形的大石頭，從山上滾下來一樣，那驚人的氣勢，銳不可擋，令人生畏。這些都是講一切事物在陰陽變化中的螺旋形式。

總之，太極拳豐富的文化內涵，除了中國傳統的哲學之外，還涉及各個領域學科體系。我在研究太極拳四十五個春秋當中，本著科學、求實、探幽、解惑的精神，在博大精深的中國傳統文化的沃壤中去尋找太極拳形成的理論依據；同時用現代科學的觀點來論證太極拳的一些科學論據，揭開太極拳神秘的面紗，還其本來的科學面貌。

針對一些「用意不用力」的說法，我查閱了六本人體力學名著，從中弄懂了作用力與反作用力之間的關係，明白了太極拳發力動作的力源、力點以及力點的變化、勁力的結構等等。正如我的老師陳照奎先生所說：「哪有不用力的武術呢！」

我經常看一些相關的體育運動學方面的著作文章，有一個人體站立的「穩定角」的概念，它對拳式動作的穩態平衡起著非常重要的作用。

體育理論學裏面強調，人體最好的穩定狀態是兩腳基本平行站立的姿勢。正好，太極拳也強調這一點——不丁不八：丁字步，襠撐不圓；八字步，站立時有人輕輕推你一下，你就站不穩。另外，八字腳走低架時，腰部就不易

轉動，不能左右轉動，且無靈活性可言。只有在兩腳平行的情況下，腰的部位才能很好地自由左右旋轉。這「穩定角」的觀點是很合理的科學論據。

此外為了搞清楚中醫的經絡學以及人體的生理結構與太極拳的關係，我在河北醫科大學跟祖傳中醫世家的劉亞嫻教授學習經絡學；在湖南教學時，跟我的兩位學員學習了人體生理學和人體解剖學，一位是湖南醫科大學的生理學教授鄧啟輝，另一位是解剖學教授帥建中。我還找了我的老朋友，原中國科學院歷史研究所的研究員、解放前中央大學的教授袁鴻壽先生，跟他學習了《易經》。北京解放軍報社搞軍事理論研究的劉秉彥同志，送了我一套《中國古代戰略》叢書，從中學習了中國古代軍事學。

我學習多方面的學科知識，使我體會到專與博的辯證關係。我先當小學生，然後再研究太極拳，並從中感到太極拳的內涵博大精深。太極拳，是引導我擴展知識領域的一條紐帶。總之，太極拳是文化、武術、養生融為一體的一門學問，是中國文化中特有的人生必修課程。

四、此拳獨特的鍛鍊方式，養生功能的時代價值

我們每個人都有其固有的生命運動規律：從出生、發育、成長到衰老、死亡。這是人體生命不可抗拒的自然規律。從另一方面，我們應該能在主觀上把握自己的生命，發揮個人的主觀能動性，由日常生活的保健、運動方式來延長自己的生命週期，更好地為社會發展多做貢獻。

根據 45 年來我與我的廣大學生不斷實踐、研究的結

果，一致公認陳氏一代宗師陳照奎老師所傳授的陳氏大架、老架、低架傳統太極拳，是一套獨特的運動鍛鍊方式，是當今人們最受歡迎的運動項目，它的許多獨特而神奇的健身效果，體現在以下五個方面：

（一）拳走低架的好處

陳氏太極拳對低架有明確的要求和規矩，首先是上身要中正，這是前提；其次是兩腿走低架時不能跪膝、蹶臀。倒換重心時要襠走下弧。身體允許有起伏，但必須是升中有沉、沉中有升，上下要對稱，不得前後搖擺、左歪右斜。也就是說，拳走低架，勁走螺旋，鬆腰胯運動骨盆。拳走低架最大的好處是解決當前社會的時代病——「上盛下虛」症。其症狀包括：「三高」（高血壓、高血脂、高血糖）、肥胖症、骨質疏鬆、下肢無力、失眠、消化功能障礙、腰椎頸椎病、生殖功能減弱、情緒緊張與浮躁、性功能衰退等。英國格拉斯大學有一位教授，由研究人體健康的經驗，得出這麼一個結論：「從 21 世紀起，人類生活方式的一個重要變化，是重視健康，而其方式不論青年、老年都會更加重視下肢運動。」

1998 年，西安召開了一次國際骨質疏鬆專業研討會，與會的許多專家都說這麼補鈣、那麼補鈣，吃什麼補鈣，等等。只有一位美國的骨科專家 Frost 教授和北大醫院的一位教授兩個人，認為補鈣最重要的是下肢運動。他們認為，鈣的吸收光靠人體的腸胃吸收不了多少，重要的是靠下肢兩條大腿、大骨節肌肉群的大面積參與運動，使肌肉不斷產生彈性的泵力收縮作用，把鈣輸送到骨髓裏面去。也就是說，要想補鈣就必須加大下肢的運動量。這兩位專

家講的非常有見地，我本人也證明了這一點。

1999 年，我在河北承德教拳期間，有一位學員是在醫院裏搞 CT 檢測的，他給我做了各種身體功能的檢查，尤其是骨質密度的檢測，結果出乎於我的意料。一般來講，年輕人的骨質密度最高值為 170，到了 60 歲左右的人下降到 100～120，骨質疏鬆的人為 60～70。而我的檢測結果卻是 151，這可能是我經常打低架子的緣故。長期堅持打低架子的人，腿部肌肉發達，血管豐滿，使血液輸送暢通，加大了血液回流的泵力。這樣，血液的循環輸送到肌肉裏面去，再返回到心臟；血液的往返循環加快，你的肌肉彈性就越大，等於增加了許多個小血泵，加快了血液循環的回流。

另外，此拳對防治肥胖症很有功效。我有一個學生叫王麗，生孩子後體重近 200 斤，為了減肥，吃藥、節食都不起作用。跟我練拳一年後，體重降了 50 斤，而且大腿肌肉結實了，小腹漸平了，走路上樓也不喘氣了。

從武術角度看，鍛鍊低架也有深遠意義。因為太極拳強調「隨屈就伸」，「隨高就低」。一旦與他人交手，對方能低，你不能，必然吃虧。

（二）螺旋運動的神奇功效

這是一個有特殊功效的、極好的運動方式。全身的立體螺旋運動，有利於人體微循環系統的改善和保健。首先是微循環和內分泌系統的改善，四肢經常順逆纏絲，從根節到梢節處處走螺旋纏絲勁，具有獨特的嫩膚作用。

我在石家莊有一個學生呂鳳珍，滿臉雀斑，連嘴唇上都有，外號「大花臉」。她跟我練了 7 年拳以後，雀斑突

然不見了，臉面乾淨了。什麼原因呢？後來一位醫學專家說，是因為她的內分泌和微循環系統得到調節和改善的緣故。還有一位學員何文國，是長春法院的法官，做了腦瘤開顱摘除手術。術後連走路都不穩，別說工作了，就連腦子記憶力都不行。後來他學練這套拳一年以後，病情漸癒，2005 年已正式上班又處理案子了。他說：「我處理的案子比住年還要多，走路也正常了。」還有一個叫盛長華的學員，是解放軍工程學院的教授，曾援外到過阿爾巴尼亞，在那裏得了一種病，回來後始終摸不著脈，無脈症，醫生說是脈管炎，已 20 多年了。自從練這套拳不到一年，有一次蹲廁所無意間摸自己的脈，有脈跳動了，非常高興。還有湖南的趙傑，患血吸蟲病後遺症，這種病很難康復，年年要去醫院檢查，經常吃藥，練這套拳一年以後，他照常去醫院檢查，「唉！你吃了什麼藥，怎麼今年都正常了？」醫生感到很驚訝！

其次，就是對骨骼關節的調節，尤其是上下對拉拔長的立體螺旋運動，對頸椎、腰椎疾病的治療和預防效果顯著。陳氏太極拳要求立身中正，虛靈頂勁，含胸塌腰、命門後撐，開襠鬆胯，尾閭裏收，襠走下弧，配合胸腰左旋右轉，旋腰轉脊，使脊柱受到良好的鍛鍊。有些人的頸椎、腰椎的毛病，練這套拳後都已治癒，恢復健康。

（三）以丹田爲核心的骨盆運動

陳氏太極拳有一個重要的特點，就是以丹田來帶動周身一家的整體運動。（示範）在丹田部位，無論是蓄勁、發勁，前後左右的運動，都要靠丹田帶動，同時，配合胸腰的立體螺旋形式來進行，而絕不是前後晃來晃去和左右

搖擺來帶動丹田的運動。

為什麼說是「骨盆運動」呢？因為它是運動兩個髖骨之內、之上，肚臍之下的小腹部那一塊。這就是為什麼在打拳時要求必須鬆腰鬆胯，只有鬆腰鬆胯，腰部才能左右旋轉自如。鬆胯是非常關鍵的一個環節，只有胯鬆下來，小腹內部這塊才能帶動胸腰整體自由旋轉，由此形成周身一家的整體勁。這套拳總是強調「丹田帶動」：後有命門，前有丹田，會陰之上，橫隔肌之下組成一個「丹田運動空間」。現代科學研究證明，這是非常好的運動方式，對改善人的呼吸系統、消化系統、生殖系統和性功能有顯著功效。

1. 關於調整呼吸系統的功效。

這套拳強調胸肺呼吸與腹式呼吸相配合，也就是小腹的膨脹與收縮運動的配合。什麼是逆腹式呼吸呢？就是人的小腹部位，吸氣時收縮，呼氣時前後膨脹。有位醫學專家寫了一篇文章，刊登在《益壽文摘》上，他說：人生下來落地以後，有些人「忘本」了。為什麼呢？因為小孩生下來之前，在母腹環境裏完全是靠腹式呼吸的，是靠臍帶吸收營養和精氣來維持人體生命的發育。所以，人生下來還沒有學會走路之前，還會有一段腹式呼吸的現象：吸氣時收縮，呼氣時膨脹。等人學會了走路之後，只靠肺呼吸而逐漸丟掉了腹式呼吸。所以「忘本」了。

現在，我們重新把它拾回來進行運動，是大有好處的：在呼氣時，命門後撐，腹部前後膨脹，橫膈肌上升，使肺部多吐出一些濁氣，將二氧化碳排出體外；吸氣時，命門自然回收，小腹部前後收縮，橫膈肌下沉，胸肺膨

脹，多吸入一些新鮮氧氣，促進人體呼吸系統的全面健康。

2. 關於改善消化系統的功效。

大家知道，食物的消化和吸收是靠人體小腹內部的小腸蠕動來進行的。人體所攝取的大部分營養靠小腸不間斷地蠕動來消化，並被小腸周圍億萬個毛細血管吸收營養轉化為能量，補充到血液裏，再輸送到各個器官裏去。平時不運動時，腹部小腸的蠕動每分鐘 10～15 次，如果打拳時經常進行丹田內轉，即所謂的腹式呼吸運動，就會加大小腸蠕動的次數，每分鐘恐怕連 30～40 次也不止啊！這套拳從起勢到收勢結束，都在進行丹田帶動全身的運動。這樣，腹部運動越多，它吸收的營養也越多，對排泄功能和身體代謝機能的保健益處就越大，我的學生鄧文德，患十二指腸潰瘍多年醫治不好，練這套拳後已徹底好了。

3. 關於對生殖功能和性功能的保健作用。

美國有一位醫生叫開吉爾，他為一名女性患者治療「尿失禁」症時，提出治療建議，他讓這位女性每天經常鍛鍊 PC 肌。那 PC 肌是在什麼地方呢？就是人體下面的恥骨與尾骨之間的那部分肌肉群。

他的方法是：讓這女患者在吸氣時收縮，呼氣時放鬆那塊肌肉群，就是所謂的「提肛」那樣，收縮、放鬆、再收縮、再放鬆、不間斷地進行交替反覆的鍛鍊。他稱之為「不為人所知的運動」。

鍛鍊了一段時間後，結果不但治好了她的尿失禁，還治好了她的痛經、乳房下垂、性缺陷，以及減肥等等。這套拳正好強調收腹、吸氣、鬆胯、提肛；發力時，突腹、

呼氣、肛門鬆沉，恰好是鍛鍊骨盆底盤上的那部分肌肉——PC肌。

這套拳無論發勁也好、不發勁也好，都鍛鍊這部分肌肉。這恰恰與這位美國醫生的觀點不謀而合。無獨有偶，2004年11月《北京科技報》有一篇楊孝文先生的文章，介紹骨盆底肌肉運動能顯著改善男子性功能。

還有，上海《解放日報》1995年刊登了一篇文章，題目是《提肛治痔瘡》，有一句話：「瘸子不長痔。」因為瘸腿人走路時，總是臀部翻沉來回運動骨盆部分的肌肉群，所以總不長痔。臺灣有一位學者叫南懷瑾，他說：「許多運動員運動了一輩子，只有一個部位沒有運動起來，即海底穴。」海底穴正好就是骨盆下面的PC肌那個部位。這套拳正好也是運動這個海底穴。有句老話：「神仙留下健身方，開襠下胯最為良」。

在南昌有一位江西學院的醫生叫姚文虎，跟我學拳後，教那些「早洩、陽萎」的患者練這套拳，輔以藥物治療，都治好了。我有一個學生叫王文波，是廣東汕尾的祖傳骨傷科的醫生，他教了一個70歲的老人練這套拳，結果性功能正常了。廣州海關的一名學員，由於長期工作緊張，性功能缺陷，練這套拳後，恢復正常。深圳的張小綠，結婚多年不生孩子，總是流產。後來練拳一年多，生了一個胖兒子，高興地給我寫信，第一句就是：「我先給老師鞠一個大躬⋯⋯。」

（四）陳氏太極拳是最佳的有氧代謝運動

現在國際上提倡最佳的運動方式是有氧代謝運動。什麼是有氧代謝運動呢？它就是一種調整人體吸入、輸送與

使用氧氣代謝功能，增強體質的耐久性運動。大家知道，人體能量來源於體內營養物質的化學分解與釋放過程，而這個過程離不開人體從外界吸入的氧氣。吸入的氧氣又要有一個吸入、輸送、使用以及發揮作用的過程。這個運動過程最佳狀態是保持有氧代謝的動態平衡，才能達到健身效果。

也就是說人體所需要的氧氣，由這種運動，及時滿足肌體的需要，這種運動方式就是有氧代謝運動。

有氧代謝運動有 6 個特徵：①必須是大骨節、大肌肉群參與運動；②強度低，耐力強；③有節奏；④不中斷；⑤持續運動時間不少於 15 分鐘左右；⑥運動結束時，汗流而不氣喘。大家可以拿以上 6 個特徵一一對照陳氏太極拳一路 83 式來驗證，恰好這套拳完全符合上述的每一個特徵。

請看：①拳走低架，肯定是大骨節、大肌肉群參與活動。

②打拳過程中，重心始終偏於一隻腿，強調兩腳的虛實互換，襠走下弧，對耐力的鍛鍊效果顯著。

③④這套拳不同於其他速度均勻的太極拳，而是強調快慢相同，有節奏性，且連綿不斷，靜運無慌，不中斷，要求一氣呵成。

⑤這套拳（一路 83 式）從起式到收藏式結束正好打 15 分鐘左右。

⑥這套拳打完後，汗流而不氣喘。

（五）身心兼練，改善人的思維方式，保持心態平衡

陳氏太極拳動作細膩、繁雜，內涵豐富，哲理性強，強調「意導形隨」。首先是強調身正、心正，不卑不亢，

從武術的角度講，它強調能化、能容，以和為貴，引導人們能以寬容的心態力求化解矛盾，力求化敵為友。推手講「三不原則」：不傷他人，不傷自己，不傷和氣。

其實，在練拳過程中，必須專心致志，高度入靜、放鬆，同時動作繁難，83個式子，600多個小動作，你絕不能在打拳當中去想其他任何事情。強調「沿路纏綿，靜運無慌」，動中求靜，有利於調節大腦神經、緩解壓力，增進心理健康，使人們的心態保持平衡。

所以，複雜繁難的動作能讓你的大腦高度入靜，就像溫克爾曼所講的：「不管大海的表面多麼狂濤洶湧，而它的深處永遠停留在寂靜裏。」

此外，太極拳處處強調陰陽和諧、協調，有利於改善人們為人處世的心態，促進人際關係的和諧發展。太極拳哲理性的拳理，還可以改善人的思維方式，增強他的智慧、思維能力，可以改善工作方法、領導能力，進而改變一個人的性格、脾氣和風度。

有一位軍工廠的廠長莫性才同志跟我學拳後，他寫了一篇論文《太極拳與企業管理》，在軍工企業學術研討會上被評為優秀論文。

綜上所述，我認為所謂的「太極功夫」，應該包括三層功夫：首先是人格修練的道德功夫，第二個是防身應變的武術功夫，第三個是延年益壽的養生功夫。我深切感到中國的太極拳，既是中華傳統文化的結晶，又是經得起現代科學實踐驗證的防身、健身法寶。總之，飽含人生哲理的太極拳，它不僅會給你一個健康的體魄，而且還會幫助你修練一個高尚的人格。

五、修練太極拳的幾點體會

　　陳氏太極拳，在習練上比較難一些，運動時間較長，動作又繁難，傳統架子要求走低架子。這必須有一個吃苦流汗的艱苦歷程。古話說得好：「寶劍鋒從磨礪出，梅花香自苦寒來。」我有一個義大利的學生叫夫蘭柴斯克，他說：「這套拳又難又好！」難，應知難而進，把太極拳當作一門人生的必修課程，學到老，鑽到老，練到老。怎樣練好這套拳？我再向大家彙報一下個人的幾點體會。

（一）三條基本經驗

　　那就是：一專一，二認真，三堅持。有人善意的調侃我是「單打一，死認真，傻堅持」。我覺得自己45年來就是這麼過來的。我只會練陳照奎老師傳授的陳氏太極拳。我熱愛它，就鑽透它，「死認真」。蔡元培有句「宏約深美」的話，說得非常好，從博而專，專中又有博，我就是經由鑽研太極拳學到了很多知識。「功夫源於細節的積累。」目前社會上暢銷一本汪中求寫的書《細節決定成敗》，不妨一讀，因為太極拳也講究細節。「尊師為問學之本」，我和陳照奎老師在「文化大革命」時有一種特殊的機緣，由於我尊師又認真，師徒情誼比較深，老師才幾次給我一個人拆拳講勁，使我受益很大。因此，大家要把拳理搞清楚，動作打的是規矩，一定要專一、認真、堅持。大年初一我不能不打拳，先打拳後再說拜年吃餃子。這幾十年，我都是這樣堅持的。

（二）三個基本環節

　　學好這套拳，一定要把握住三個基本環節，這是我多

年的經驗。

1. **要規矩**。老老實實地練拳，求真務實，這是學好拳架的必要條件。這套傳統拳是先輩幾百年積累下來的，拳架又是太極拳的基礎。吳大猶先生講得好，不論從事什麼學問，基本條件有三條：「基礎、毅力和悟性。」瞭解我的人都知道，我這個人比較認真、執著，打拳「死心眼」，老師教我的規矩，一點也不能含糊。

上海的太極拳名家顧留馨先生和西安的陳氏太極拳名家陳立清大姐，在 1986 年成都召開首屆太極拳研討會期間，看了我的表演後二人不約而同地對我說：「你打的拳最像你老師打的拳架。」我說：「謝謝您們的鼓勵，前前後後老師給我改過八次拳，我就是老老實實按老師的要求去打拳。」所以，拳架一定要打規矩。

2. **要明理**。中國有句老話：「理明則功進，功進則理更明。」你無論幹什麼事，若是沒有把握把理搞清楚，進步就慢了。「清能早達。」陳鑫先生講，「學太極拳必先讀書，書理明白，學拳自然容易。」所以，一定要強調明理，鑽透拳理。讓每個拳式、每個動作，都合於太極陰陽哲理。

3. **要懂勁**。就是要懂得每個式子的用法和勁道，因為太極拳畢竟本質是武術，必須懂得其內在的勁力變化。比方說：勁點在什麼地方？勁力怎麼變化？以及勁力結構都要搞清楚，並結合推手、功力訓練，練勁力、練技巧。

（三）處理好三個關係

1. **練拳與競技的關係**。透過參加比賽，為宣傳這套拳還是可以的。但練拳主要的目的是為了健身，而不是為了參加武術比賽拿金牌。過去，我幾次參賽，都是地方武協

為我報名讓我去的，我自己從來沒有想去拿什麼金牌。國際太極拳年會評我為大師，給了我一張表，我沒有填寫，我認為自己不夠資格。結果大會公佈評審結果時，13 名太極拳大師裏有我的名字，我才把表交了。所以，練拳要明確一個目標，端正自己的態度：我就是為了強身健體。我不想當拳師，也沒想拿金牌，更不想當什麼名師、大師，我根本就沒有想過這些東西。我這是實話實說。

2. 練拳與鑽研拳的關係。太極拳是一種文化拳，是中國幾千年傳統文化的產物、積澱和結晶，是傳統文化的載體。它根植根於中國傳統文化的沃壤之中，其植根之深，博採之廣，旁涉之寬，令人驚訝！因為它涉及的知識領域實在是太廣了。我前後用了 45 年的時間鑽研太極拳。經由研究我發現，你一旦喜愛上太極拳，它就會成為你擴展自己知識的紐帶。每一個熱愛中國傳統文化的人都應把太極拳當作一門終生研究的學問，來豐富自己的生活，增強自己的體質。

3. 練拳與傳拳的關係。我個人還是把練拳放在第一位，傳拳我不夠格，也不想當拳師。但有人要找你學拳，你不願意去教人家也不好，還得教。教拳的目的就是助人為樂。教拳我從來不計較報酬，不保守，也不想從別人那撈什麼好處，就是助人為樂。每次大家給我最好的回報，就是這個人病好了，那個人康復了，寫信向我表示謝意，這個時候是我內心感到是最幸福的時刻。當然了，我的老師去世早，把他傳的這套珍貴的傳統太極拳傳下去，感到自己也有這個責任。就像歐陽山尊先生所說的：「名利淡如清水，責任重於泰山。」

　　以上是我個人對恩師陳照奎所傳授的正宗陳氏太極拳的認識，以及學拳、鑽研拳和傳拳 45 年來的一些體會，有些觀點不一定正確，歡迎大家給予批評、指正。祝大家身體健康，謝謝大家！

　　記錄整理員程東輝說明：此稿係根據馬虹老師應邀第二次在北大講學的錄音整理。當時馬虹老師講話時，不斷結合一些生動的拳架動作示範演練，此稿難以具體表述，敬請讀者諒解。

原載《陳氏太極拳研究》第十五期

丹青難寫是精神

——編後記

　　做編輯工作有年，時感任務繁重，雖從不敢怠慢鬆心，卻不敢言激情飽滿依舊。日復繁瑣中，馬虹老師的稿子卻總能喚起我的精神。從《陳式太極拳拳法拳理》到《陳式太極拳拳理闡微》，到《陳式太極拳拳照圖譜》，再到《陳式太極拳體用圖解》，直到現在這本《陳式太極拳勁道釋秘——拆拳講勁》，我都是以最大的熱忱全身心地投入到編輯工作之中，希望能錦上添花。

　　這些年，我收到很多讀者來信，接到很多讀者打來的電話，馬老師那裏接到的可能更多。他們對馬老師已經出版的這些書給與了最大的肯定。這些書重印次數之多，發行量之大，證明了其強大的市場力量。

　　馬老師追隨陳式太極拳一代宗師陳照奎先生執著學拳九載，苦心志，勞筋骨，盡得真傳。此後 20 多年，繼承師學，研習不輟，傳播拳技，春蠶吐絲，終成一代拳學大家。

　　太極拳乃中華國粹，博大精深，理法咸備，技法廣泛。王宗岳言：「由著熟而漸悟懂勁，由懂勁而階及神明。」當下真能懂勁者能有幾何？近些年專門研究太極拳的論述雖為數不少，出版的太極拳著作更是難計其數，但多數只重強身健體，而從技擊角度研究、闡釋太極拳勁力

變化、探索太極拳之武術真諦的專論卻是鳳毛麟角。難道前輩高人苦心積累的太極神明精髓當真瀕臨失傳。馬老師值耄耋之年，提筆著書，力傾陳式太極拳之秘傳絕學──拆拳講勁，獻於廣大讀者。老人如此心胸蕩坦，毫無錙銖之念，叫我於素來尊敬之餘，不得不再添仰慕之情。丹青難寫是精神。

　　繁花落盡，香飄滿徑。馬老師的這本書就要與讀者見面了，真心希望 50 年後它還能被讀者傳閱品評，成為太極拳的經典之作。

佟　暉

馬虹老師
陳式太極拳教材

《陳式太極拳體用全書》（拳譜）	陳照奎	講授	400 元
	馬　虹	整理	
《陳式太極拳技擊法》（拳法）	馬　虹	編著	250 元
《陳式太極拳拳理闡微》（拳理）	馬　虹	著	350 元
《陳式太極拳勁道釋秘》（拆拳講勁）	陳照奎	秘傳	330 元
	馬　虹	整理	

（以下光碟教材，均由馬虹老師講授演示）

《陳式太極拳及其技擊法》（VCD 10 碟）

　　1.一、二路拳的示範表演

　　2.逐式詳細示範，講解其動作要領及技擊含義

　　3.按拳路順序結合口令詞領練

《推手技巧及功力訓練》（VCD 4 碟）

　　1.第一、二集為十種推手鍛鍊方法。

　　2.第三、四集為功力訓練及單式訓練。

《陳式太極拳拆拳講勁》（DVD 8 碟）

＊上列光碟教材，可與大展出版社有限公司直接洽購

　　聯絡地址：台北市致遠一路二段 12 巷 1 號

　　電　　話：（02）28236031　　28236033

國家圖書館出版品預行編目資料

陳式太極拳勁道釋秘──拆拳講勁 / 陳照奎 秘傳 馬 虹 整理
──初版，──臺北市，大展，2008〔民 97.07〕
面；21 公分 ──（武術特輯；100）
ISBN 978-957-468-624-7（平裝）

1.太極拳

528.972　　　　　　　　　　　　　　　　97008911

陳式太極拳勁道釋秘──拆拳講勁

秘　　　傳/陳 照 奎
整　　　理/馬　　虹
責任編輯/佟　　暉
發 行 人/蔡 森 明
出 版 者/大展出版社有限公司
社　　　址/台北市北投區（石牌）致遠一路 2 段 12 巷 1 號
電　　　話/（02）28236031・28236033・28233123
傳　　　眞/（02）28272069
郵政劃撥/01669551
網　　　址/ www.dah-jaan.com.tw
E - mail / service@dah-jaan.com.tw
登 記 證/局版臺業字第 2171 號
承 印 者/傳興印刷有限公司
裝　　　訂/建鑫裝訂有限公司
排 版 者/弘益電腦排版有限公司
授 權 者/北京體育大學出版社
初版 1 刷/2008 年（民 97 年）7 月

定　價/330 元

大展好書　好書大展
品嘗好書　冠群可期

大展好書　好書大展
品嘗好書　冠群可期